C.H.BECK WISSEN

in der Beck'schen Reihe

Mesopotamien war das Land, in dem Milch und Honig flossen, der Garten in Eden, wie es in der Bibel heißt – und nicht, wie Luther übersetzte, der Garten Eden. „Eden“ ist ein sumerisches Wort und bedeutet soviel wie „Steppe“, „Wüste“. Dieses Paradies in der Wüste zog zahlreiche neidische Nachbarn an, die sich seiner zu bemächtigen hofften. Die Konsequenzen waren kriegerische Auseinandersetzungen, aber auch intensive wechselseitige kulturelle Befruchtungen. So ist die gesamte Geschichte Mesopotamiens eine Aufeinanderfolge von Völkern und Stämmen, die die Herrschaft an sich brachten, einander durchdrangen und austauschten und wieder weichen mußten: Sumerer, Akkader, Amurriter, Kassiten, Assyrer, Hurriter, Aramäer, Perser, Griechen, Parther und Sasaniden. Hierbei handelt es sich allerdings nur um die Namen der wichtigsten Völker, die Geschichte und Kultur Mesopotamiens von frühgeschichtlicher Zeit bis zum Sieg des Islam prägten. Ihre Geschichte wird in dem vorliegenden Band sachkundig und anschaulich erzählt.

Barthel Hrouda, Jahrgang 1929, ist emeritierter Professor für Vorderasiatische Archäologie. Er lehrte zuletzt an der Ludwig-Maximilians-Universität, München, und ist Mitglied des Deutschen Archäologischen Instituts, der Bayerischen Akademie der Wissenschaften und der belgischen Königlichen Akademie der Wissenschaften, der Literatur und der schönen Künste. Sein Handbuch der Archäologie Vorderasiens ist ein in Forschung und Lehre unverzichtbares Standardwerk geworden.
Rene Pfeilschifter M.A., Jahrgang 1971, Doktorand im Fach Alte Geschichte, gehört zum Münchener Nachwuchs der Klassischen Altertumswissenschaften; er hat in enger Zusammenarbeit mit dem Autor wesentlich zur Entstehung dieses Bandes beigetragen.

Barthel Hrouda

MESOPOTAMIEN

Die antiken Kulturen
zwischen Euphrat und Tigris

Unter Mitarbeit von
Rene Pfeilschifter

Verlag C.H.Beck

Mit vierzehn Abbildungen, zwei Karten
und zwei Zeittafeln

1. Auflage 1997
2., durchgesehene und erweiterte Auflage 2000

3. Auflage. 2002
Originalausgabe

Gesamtherstellung: Druckerei C. H. Beck, Nördlingen
Umschlagabbildung: Ausschnitt der Verzierung der Thronsaalfront,
Babylon, 7.– 6. Jh. v. Chr. © Bildarchiv Preußischer Kulturbesitz,
Vorderasiatisches Museum, Berlin
Umschlagentwurf: Uwe Göbel, München
Printed in Germany
ISBN 3 406 46530 7

www.beck.de

Inhalt

I. Einleitung

Mit Mesopotamien bezeichneten die Griechen ursprünglich nur den nördlichen Bereich zwischen den beiden großen Strömen Euphrat und Tigris, während sie den südlichen Teil Babylonien nannten. Erst Plinius der Ältere übertrug diesen Begriff im 1. Jahrhundert n. Chr. auf das gesamte Gebiet von den Südabhängen des Taurus beziehungsweise Antitaurus bis zum Persischen Golf. Im Osten bilden die Ausläufer der iranischen Gebirgsketten die Begrenzung, im Westen die arabische Wüste und die syrische Hochebene. Mesopotamien liegt damit größtenteils im heutigen Irak, es umfaßt aber auch Nordostsyrien und Teile der südöstlichen Türkei.

Das Land selbst zerfällt in zwei Regionen, die durch unfruchtbare Kieswüsten nördlich einer Linie etwa von Hit am Euphrat bis Samarra am Tigris getrennt werden. Während im Norden der Euphrat Syrien mit Wasser versorgt, durchfließt der Tigris die fruchtbare Gegend des hügeligen assyrischen Hochlandes, wo zum Teil Regenackerbau möglich ist. Im allgemeinen aber ist das Klima eher rauh, die Winter sind kalt. Ein anderes Bild bietet sich im Süden: Das Gebiet Babyloniens wird, damals wie heute, von milden Wintern und heißen Sommern mit Durchschnittstemperaturen von 30 bis 40 Grad geprägt. Euphrat und Tigris haben hier im Laufe der Jahrtausende durch ihre mitgeführten Schlammassen eine äußerst fruchtbare, völlig flache Ebene aus Schwemmland geschaffen.

Lange Zeit war die Forschung sogar der Ansicht, daß die Küstenlinie des Persischen Golfes früher sehr viel weiter nördlich verlaufen und Südmesopotamien, geologisch betrachtet, ein relativ junges Land sei. Daraus folgerte man, daß die ersten historisch faßbaren Bewohner dieser Gegend, die Sumerer, anderswoher eingewandert sein müßten. Dieser Hypothese wurde jedoch in den fünfziger Jahren im wahrsten Sinne des Wortes der Boden entzogen. Man stieß bei Erdölbohrungen auf einen festen Sockel aus Kalkstein, der nach und nach abgesunken war, während die Schwemmstoffe der beiden Flüsse das Bodenniveau gleichzeitig wieder angehoben hatten. In historischer Zeit war das südliche Mesopotamien größtenteils bewohnbar: Die Küstenlinie befand sich um 14000 v. Chr. wegen eines Tiefstandes des Meeresspiegels ungefähr in der Meerenge von Hormuz und verlagerte sich nur ganz allmählich nach Norden (bis zu 400 Kilometer landeinwärts). Seit 6000 Jahren zieht sich das Meer wieder langsam zurück, und Euphrat und Tigris fließen heute nicht mehr getrennt in den Persischen Golf, sondern vereinigen sich in dem Mündungsstrom Schatt-el-Arab.

Diese beiden großen Flüsse, im Altertum als Purattu und Idiglat bekannt, waren die Lebensadern des ganzen Landes, wie schon im Namen Mesopotamien zum Ausdruck kommt: Zweistrom- oder besser Zwischenstromland. Die wichtigsten Nebenflüsse waren der Chabur in Nordsyrien, der große Zab im nördlichen Irak und der Dijala beim heutigen Baghdad. Sie allein garantierten aber noch nicht die Fruchtbarkeit des Akkerlandes. Im südlichen Mesopotamien fällt zwei Drittel des Jahres kein Regen, im Winter sind die Niederschläge dafür um so heftiger. Nach der Schneeschmelze im Frühjahr steigen Euphrat und Tigris über die Ufer und setzen die Umgegend unter Wasser. So sind die äußeren Voraussetzungen – lange Trockenperioden sowie heftige Regenfälle und Überschwemmungen zur Unzeit – an sich noch keineswegs günstig. Hier schuf erst der Mensch durch ein komplexes und mustergültig organisiertes Bewässerungssystem Abhilfe. Die Kanäle mußten nicht nur gegraben, sondern über Jahrtausende hinweg immer wieder instandgesetzt, erneuert und verbessert werden. Dadurch wurde die legendäre Fruchtbarkeit besonders des südlichen Mesopotamiens erreicht.

Der heutige Irak hat freilich über weite Strecken steppen- oder sogar wüstenartigen Charakter; die antiken Ruinenhügel (arab. *Tell*, Plural *Tulul*) liegen zumeist außerhalb der Kulturlandschaft. Den Grund dafür sah man bis vor kurzem in der Zerstörung durch die Mongolen im 13. Jahrhundert. Dies mag bis zu einem gewissen Grad zutreffen; das Land wäre aber ohnehin versteppt, und zwar, so paradox es klingen mag,

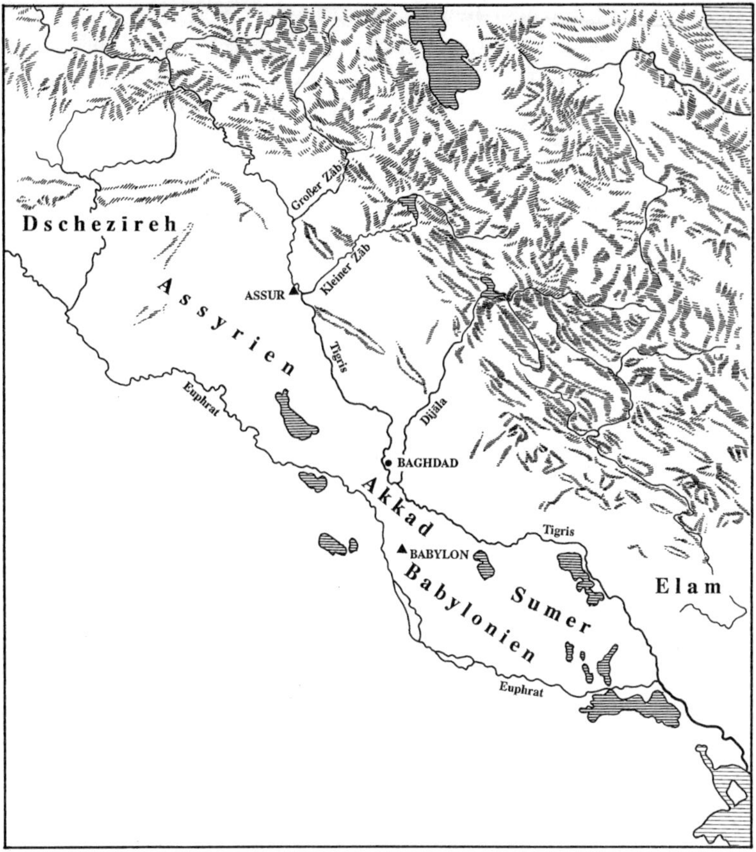

Mesopotamien

durch die künstliche Bewässerung. Das auf die Felder geleitete Flußwasser war relativ salzhaltig, nach der Verdunstung der Flüssigkeit lagerte sich das Salz ab und machte den Boden unfruchtbar. So wurde die Prosperität des Landes nicht durch ein einschneidendes Ereignis vernichtet, sondern schwand nur ganz allmählich. Erst in den letzten Jahrzehnten hat der Irak große Anstrengungen unternommen, um diesem Prozeß – mit einigem Erfolg – entgegenzutreten. Neuere Forschungen haben aber gezeigt, daß man sich bereits in der Antike des Problems bewußt war. Durch verbesserte Bewässerungstechniken wurde die Versalzung zumindest verzögert, und fortgeschrittene Anbaumethoden führten zu einer Optimierung des Bodenertrags. Man kann daher sagen, daß die Versalzung während des gesamten Zeitraumes der altorientalischen Geschichte noch zu keiner entscheidenden Minderung der Fruchtbarkeit führte. Mesopotamien konnte nicht nur seine eigene Bevölkerung ernähren, sondern warf stets auch beträchtliche Überschüsse ab, die gegen andere Produkte und Rohstoffe eingetauscht werden konnten. Das Land war nämlich arm an Bodenschätzen wie Metallen, Edelsteinen oder Gold. Lediglich Kalksteine, Bitume und Tone waren vorhanden; alles andere mußte von außen beschafft werden.

Die Fruchtbarkeit des Zweistromlandes hatte jedoch nicht nur positive, den Handel betreffende Auswirkungen. Für die weniger begünstigten Nachbarn und Nomadenvölker war Mesopotamien das Land, in dem Milch und Honig flossen, oder das ‚Paradies in Eden', wie es in der Bibel heißt, was von Luther mit ‚Paradies Eden' falsch übersetzt wurde; ‚Eden' ist nämlich ein sumerisches Wort und bedeutet soviel wie ‚Steppe', ‚Wüste'. Es ist verständlich, daß dieses Paradies in der Wüste die Aufmerksamkeit der Anrainer auf sich und in deren Folge kriegerische Auseinandersetzungen anzog. Die gesamte Geschichte Mesopotamiens ist in der Tat eine Aufeinanderfolge von Völkern und Stämmen, die die Herrschaft an sich brachten, einander durchdrangen und austauschten und wieder weichen mußten: Sumerer, Akkader, Amurriter, Kassiten, Assyrer, Hurriter, Aramäer, Perser, Griechen, Parther und Sasaniden. Das sind die Namen nur der wichtigsten Völkerschaften, die die mesopotamische Geschichte und Kultur von frühgeschichtlicher Zeit bis zum Sieg des Islam prägten.

In dieser Hinsicht unterscheidet sich das Zweistromland grundsätzlich von der anderen Hochkultur des Alten Orients, Ägypten. Aufgrund seiner bewegten Geschichte herrschte in Mesopotamien eine Vielfalt der Anschauungen und des Ausdrucks in Kunst und Religion, die in Ägypten unbekannt war. Neue Völker brachten neue Errungenschaften mit sich; nur die einheitliche Schrift garantierte für eine gewisse Kontinuität, während sich in Ägypten die starken Bande der Tradition eher hemmend auf den Fortschritt auswirkten. Das Reich der Pharaonen war gegen äußere Einflüsse wesentlich abgeschlossener als Mesopotamien mit seinen nach allen Seiten hin offenen Flanken. Nur das Nildelta konnte als Einfallstor dienen, und auch dieses Gebiet war relativ leicht abzuriegeln. In Mesopotamien konnte fast jedes Volk den kulturellen Erzeugnissen seinen Stempel aufdrücken, die altägyptische Kunst aber wirkt von der Früh- bis in die Spätzeit auf den Laien sehr gleichförmig; selbst der Einfluß Griechenlands und Roms bewirkte keinen grundsätzlichen Wandel in Inhalt und Form der Bildwerke.

Trotz einiger Brüche in der Geschichte des Zweistromlandes läßt sich für lange Zeiträume eine erstaunlich zuverlässige Chronologie aufstellen. In Babylonien wurden die Jahre nach besonderen Ereignissen wie Tempelbauten, der Anlage von Stadtmauern und ähnlichem benannt. So wurde auch das erste Regierungsjahr eines neuen Königs entsprechend bezeichnet. Durch erhaltene Herrscherlisten und assyrische Verzeichnisse der Jahresbeamten, der sogenannten Eponymen, kann man bis in das 15. Jahrhundert hinauf eine Zeittafel mit einer zunehmenden Fehlertoleranz von einigen Jahren rekonstruieren. Für frühere Perioden können wir keine exakten Angaben machen. Wir besitzen zwar Synchronismen, das heißt parallele Zeitangaben für assyrische, babylonische und hethitische Könige, diese Daten sind aber allesamt relativ. Zwischen dem Ende dieser Listen und dem Beginn der absoluten Chronologie im 15. Jahrhundert klafft wohl eine zeitliche Lücke unbekannter Ausdehnung. Alle früheren Ereignisse und Dynastien müssen daher als zeitlich ungesichert gelten.[1] Die Fehlertoleranz für Daten des frühen 3. Jahrtausends beträgt bereits bis an die 100 Jahre. Die früheren Zeitabschnitte vor Erfindung der Schrift lassen sich nur ganz grob und mit Hilfe naturwissenschaftlicher Methoden zeitlich festlegen.

Der häufige Wandel der Verhältnisse macht es nicht ganz einfach, einen kurzen Abriß der mesopotamischen Geschichte zu geben. Wenn im folgenden nach der Behandlung der Vorgeschichte zunächst die politischen Ereignisse im Mittelpunkt stehen und dann erst im Zusammenhang von den geistigen und materiellen Gegebenheiten und Errungenschaften die Rede ist, so dient dies nur der Übersichtlichkeit der Darstellung. Es soll aber nicht der Eindruck erweckt werden, als ob beide Komplexe für sich betrachtet werden könnten. Dies darf nie der Fall sein, will man sich ein annähernd zutreffendes Bild von einer vergangenen Kultur machen. Gerade für die Rekonstruktion der ‚positiven' Geschichte des alten Mesopotamien, für die die literarischen Quellen noch spärlich fließen, sind die archäologischen Hinterlassenschaften von unschätzbarer Bedeutung. Bei der gewählten Betrachtungsweise lassen sich aber vielleicht einige Kontinuitäten und Besonderheiten deutlicher herausstellen, die die Einheit der mesopotamischen Geschichte erst begründen. Trotzdem ist es nicht möglich, einen wirklich ausgewogenen Überblick zu geben. Wenn im folgenden einige Bereiche genauer betrachtet werden, so liegt dies nicht zuletzt in der ungleichmäßigen Verteilung des Quellenmaterials begründet und bedeutet nicht von vornherein, daß diese ‚wichtiger' wären als andere Themen und Zeitabschnitte.

II. Vorgeschichte

Unter Vorgeschichte versteht man denjenigen Zeitraum des menschlichen Daseins, aus dem noch keine schriftlichen Quellen vorliegen. In Zahlen ausgedrückt, erstreckte sich diese Phase von etwa 300 000 v. Chr. bis an das Ende des 4. Jahrtausends. Die Menschheitsgeschichte im engeren Sinn begann im mittleren und späten Paläolithikum mit dem Neandertaler. Künstlerische Äußerungen, wie sie uns in den berühmten Höhlenmalereien Südfrankreichs und Nordspaniens überliefert sind, ließen sich bis jetzt in Mesopotamien nicht nachweisen, wohl aber wurden andere Spuren der Neandertaler, Skelettreste und Steinwerkzeuge, in den Gebirgszonen östlich und nördlich des Zweistromlandes[2] sowie in Palästina gefunden, wo sich die Menschen im Winter in Höhlen oder unter Schutzdächern vor den Unbilden der Witterung bargen. Die Wandmalereien aus dem nordmesopotamischen Umm Dabaghijeh stammen erst aus späterer Zeit, dem 7. oder 6. Jahrtausend (Abb. 1). Während der warmen Jahreszeit könnten sich die Neandertaler in Freilandstationen aufgehalten haben, von denen in Mesopotamien ebenfalls keine zweifelsfreien Überreste erhalten sind, wohl aber in Syrien, nördlich von Palmyra und am Orontes. An solchen Orten wurden Fleisch, Knochen (Elfenbein) und Felle gejagter Tiere verarbeitet. Die Neandertaler führten das Leben von Nomaden und betätigten sich als Wildbeuter und Sammler, später auch als Jäger mit Speeren, aber es spricht manches dafür, die Freilandstationen bereits als temporäre Wohnplätze anzusehen. Der Aufenthalt im Freien wurde dadurch erleichtert, daß es im Unterschied zu heute neben Strauchwerk und Gräsern einigen schattenspendenden Bewuchs gegeben haben dürfte.

Der Neandertaler wurde im Protoneolithikum, der Vorstufe zur Jungsteinzeit, vom *homo sapiens*, unserem direkten Vorfahren, verdrängt, der vermutlich wie der Neandertaler aus Afrika nach Westeuropa und Vorderasien einwanderte. Nach und nach vollzog sich nun der Übergang vom Nomadentum

Abb. 1: Halbesel auf Wandmalereien aus Umm Dabaghijeh

der Jäger und Sammler (*food collecting/gathering-stage*) zum Seßhaftwerden mit einer damit verbundenen Nahrungserzeugung durch eine bäuerliche Bevölkerung (*established food-producing-stage*). Um 8000 v. Chr. tat der Mensch den entscheidenden Schritt in der sogenannten Neolithischen Revolution, der Kultivierung von Nutzpflanzen und der Domestizierung von Haustieren. Diese Übergangsperiode ist uns vor allem durch Funde aus dem Bereich des Fruchtbaren Halbmondes bekannt, der den Norden der Arabischen Halbinsel vom Zagrosgebirge im Osten über Mesopotamien und das südliche Kleinasien bis zu den Küstengebieten des Mittelmeeres im Westen halbkreisförmig umspannt. Seine Bedeutung verdankte dieses Gebiet den regelmäßigen Niederschlägen, die Ackerbau in primitiver Form zuließen, ohne daß komplizierte Vorbereitungen wie Bewässerungskanäle nötig waren, und dem Vorkommen der zuerst zur Zähmung geeigneten Wildtiere, Wildschaf und Bezoarziege. Die ersten Getreidesorten waren Weizen (Emmer) und Gerste.

So finden wir am oberen Euphrat und Tigris, wo Regenackerbau möglich war, erste feste Ansiedlungen mit Grubenhütten, Rund- und Rechteckhäusern. Orte wie Dscharmo (Nordirak), Çayönü (Südosttürkei) und Murabet (am nordsyrischen Euphrat) sind durchaus dem frühen Jericho vergleichbar. Aus den Anfängen des Seßhaftwerdens entwickelte sich langsam eine höhere Bautechnik; man ‚erfand' den Lehmziegel, der neben dem Stampflehm oder Steinen im Vorderen Orient bis heute das typische, weil leicht zu beschaffende Baumaterial ist. Der Ton oder Lehm wurde mit Wasser und Häcksel (zur Verfestigung) vermischt, in eine Form gepreßt und dann 8 bis 14 Tage luftgetrocknet. Aus dieser frühen Bautechnik erklärt sich die biblische Vorstellung von der Erschaffung des Menschen aus Lehm. Neuerdings sind aus dieser frühen Phase der Menschheitswerdung bereits Werke der Großkunst und Gebäude mit Anzeichen für einen Ahnenkult bekannt geworden. Dies schließt man aus der Deponierung von menschlichen Schädeln in bestimmten Räumen. Freilich kann man auch an eine Art Kannibalismus oder an die Trophäen von Kopfjägern denken, wie in jüngster Vergangenheit noch für Indonesien überliefert.

Vielleicht sogar bedeutender als die Erfindung des Ziegels war die der Keramik, wodurch vegetabile Behälter und solche aus Holz, Leder, Stein oder ungebranntem Ton verdrängt wurden. Erst durch das Brennen wurden die Gefäße haltbar und bis zu einem gewissen Grad auch wasserundurchlässig. Nach dem Auftreten dieser Keramik wird das Neolithikum in eine ältere Phase ohne und in eine jüngere mit Keramik unterteilt. Auch das Stempelsiegel läßt sich nachweisen, das neben der Verwendung als Amulett vielleicht schon zum Markieren von Eigentum diente. Dabei wurde auf plombierte Lehmbatzen, die sogenannten Bullen, das Siegelmuster gestempelt. Die Zeichen auf den Stempelflächen waren aber noch rein ornamental-geometrisch.

Auf das Neolithikum folgte im 5. Jahrtausend das Chalkolithikum, benannt nach der ersten Verwendung von Kupfer zusätzlich zum Stein. Seine frühe Phase war durch die Vorliebe der Menschen für farbig verzierte Keramik geprägt, die in regulierbaren Töpferöfen gebrannt wurde. Die Farbgebung, sofern es sich um Glanzmalerei handelte, wurde schon jetzt, ähnlich wie wesentlich später bei der schwarz- und rotfigurigen griechischen Vasenmalerei, in einem komplizierten Brennvorgang erreicht, indem man zunächst reduzierend unter Wegnahme des Sauerstoffes schwarz und danach mit Zugabe von Sauerstoff oxidierend rot brannte. Lediglich die schnell drehende Töpferscheibe war noch nicht bekannt. Sie wurde erst später durch die Sumerer erfunden. Natürlich unterscheiden sich die einzelnen Buntkeramiken teilweise deutlich voneinander. In verschiedenen Motiven wie Rinderköpfen oder Wildformen von Herdentieren können sich dabei unterschiedliche Lebensformen der damaligen Menschen ausdrükken, etwa eine bäuerliche oder eine Hirten-/Jägergesittung. Bestimmte Gefäße werden in der Forschung nach Muster, Ton und Form zu verwandten Gruppen zusammengefaßt. Es ist üblich, Zeitabschnitte der Vor- und Frühgeschichte nach bedeutenden Fundorten epochentypischer Keramik zu benennen. So spricht man zum Beispiel von der Tell Hassuna-, der Samarra- oder Tell Halaf-Zeit. Abbildung 2 zeigt Formen und Muster von Tell Halaf-Gefäßen.

In der Stempelglyptik wurden auf der Bildfläche neben geometrischen Mustern nun zum ersten Mal auch Tiere dargestellt. Später gesellten sich Menschen oder menschenähnliche Gestalten mit Tierköpfen dazu. Man fand auch Steinstatuetten in menschlicher Gestalt, die zusammen mit Gefäßen als Grabbeigaben dienten. Die Toten wurden in Grabbezirken oder unter Wohnhäusern beigesetzt. Die Figuren sollten vielleicht den Toten im Jenseits dienen, und die Gefäße enthielten Speisen und Getränke. Neben Bildwerken aus Stein gab es auch solche, die aus gebranntem Ton (Terrakotta) hergestellt und bemalt waren. Sie stellen in der Regel dickleibige Frauen dar, die an bestimmte Bildwerke des Neolithikums und des späten Paläolithikums wie die berühmte Venus von Willendorf (Österreich) erinnern. Diese Figuren aus der Tell Halaf-Zeit sind vielleicht die letzten späten Zeugnisse der paläolithischen Kunst.

Im Bauwesen begegnen wir der ersten ‚Stadt'-Mauer im irakischen Tell es-Sauwan und mehrschiffigen Rechteckanlagen mit sogenannten Kettenräumen, die nur nacheinander begehbar sind. Daneben errichtete man oberirdische Rundbauten mit relativ großem Durchmesser, die wie die Tholoi im

Abb. 2: Tell Halaf-Keramik

frühen Griechenland anmuten und ebenso benannt sind. Einige von ihnen besaßen rechteckige Vorräume, sogenannte Dromoi (Abb. 3). Die Tholoi dienten gewiß eher profanen als sakralen Zwecken, wahrscheinlich als Wohnhäuser mit Speichern.

Betrachtet man das kulturelle Erscheinungsbild des frühen Chalkolithikums, so konstatiert man eine erstaunliche Differenzierung. Die Entwicklung ist wahrscheinlich schneller verlaufen, als lange von der Wissenschaft angenommen. Das nördliche Zweistromland hatte dabei gegenüber dem Süden in

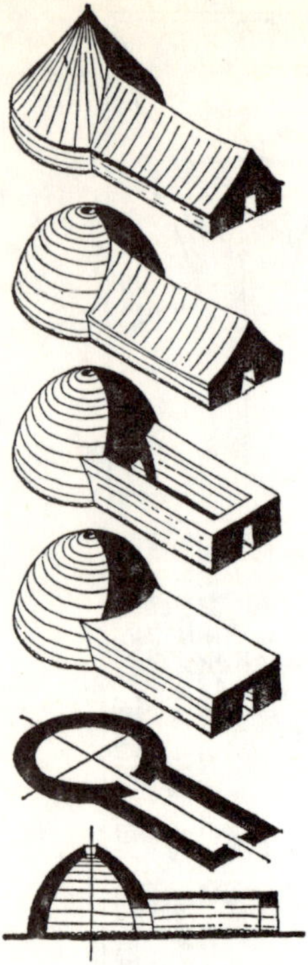

Abb. 3: ‚Tholoi' der Tell Halaf-Kultur aus Arpatschijeh (Nordirak)

der Entwicklung offenbar noch einen Vorsprung, und die Buntkeramik im späteren Babylonien scheint von der nördlichen beeinflußt zu sein. Nach neueren Erkenntnissen hatten die bisher aus Südmesopotamien bekannten Waren jedoch auch eigene Vorläufer, so daß die Anschauung von der kulturellen Vorherrschaft des Nordens nicht mehr unbedingt zutreffen muß. Eine Klärung können nur neue Funde bringen.

Im mittleren Chalkolithikum ging die Führung aber mit Sicherheit auf den Süden über. Nach einem Fundort in der Nähe von Ur wird diese Phase Obed-Zeit (Mitte 5. bis Mitte 4. Jahrtausend) genannt. Die Keramik ist qualitativ deutlich schlechter als die der vorausgehenden Perioden, was auch damit zusammenhängen mag, daß wir hier zum ersten Mal auf eine Art von ‚Massenware' treffen; Obed-Keramik wurde nämlich in großer Zahl nicht nur in ganz Mesopotamien, sondern auch in Kleinasien, in Iran und in Syrien gefunden. Dies deutet auf einen blühenden Handel hin, der über den früher geübten Austausch von Naturprodukten weit hinausging. Offenbar gelangten auch andere Fertigprodukte wie Kupfergegenstände in den Güterverkehr. Die dickleibigen Terrakotta-Plastiken wurden nun endgültig durch schlanke Frauenfiguren verdrängt, die wie auf Zehenspitzen zu stehen scheinen. Darstellungen von Männern wurden dagegen in wesentlich geringerer Zahl gefunden. In der Architektur treffen wir nun auch auf deutlich als solche erkennbare Sakralbauten, die in Eridu südlich von Ur gefunden wurden und bereits auf Hochterrassen standen. Sie sind die Vorläufer des Uruk-Tempels der sumerischen Zeit (S. 87f.).

In der um die Wende zum 3. Jahrtausend anbrechenden Uruk-Zeit erreichten die im Süden des Zweistromlandes lebenden Menschen den ersten kulturellen und zivilisatorischen Höhepunkt. Träger der städtischen Hochkultur dieser Periode waren zweifellos die Sumerer, die durch die Erfindung der Schrift das erste wirklich greifbare Volk sind, das uns aus dem Dunkel der Vorgeschichte entgegentritt.

III. Historischer Überblick

1. Sumer und Akkad

Die Sumerer

Der Name der Sumerer geht auf eine wesentlich jüngere, aus dem 21. Jahrhundert stammende Herrschaftsbezeichnung zurück, als sich die Vertreter der Ur III-Dynastie Könige von Sumer und Akkad, das heißt von Süd- und Nordbabylonien, nannten. Die Sumerer selbst bezeichneten sich als Bewohner des Landes Kengi(r). Die Frage ihrer Herkunft ist bis heute in der Forschung umstritten. Die Theorie von der Einwanderung der Sumerer stützte sich früher vor allem auf die inzwischen überholte Annahme der geologisch späten Entstehung des südlichen Mesopotamien (S. 7f.). Die Befürworter können sich aber auch auf die Zugehörigkeit des Sumerischen zur agglutinierenden Sprachfamilie berufen. Das heißt, der Wortstamm wird nicht gebeugt, sondern an den Stamm werden Vor- und Nachsilben angehängt (agglutiniert), wenn grammatische Formen ausgedrückt werden sollen, beim Substantiv etwa die verschiedenen Fälle. Zu den agglutinierenden Sprachen zählen beispielsweise auch das Mongolische, das Japanische, das Türkische, das Ungarische und das Finnische. Die Völker, die sich der zuletzt genannten Sprachen bedienen, sind aus dem Osten in ihre heutigen Siedlungsgebiete eingewandert. Daher hat man die Heimat der Sumerer im Mittleren und sogar im Fernen Osten gesucht. Ferner sind die meisten Namen der in vorgeschichtlicher Zeit gegründeten Städte nicht sumerischen Ursprungs. Wenn vor den Sumerern andere Völkergruppen anzusetzen wären, würden sie als Ureinwohner ausscheiden, und man müßte sich die Frage nach einer eventuellen Einwanderung erneut stellen. Wir können aber derzeit nicht einmal sagen, ab wann wir die im südlichen Zweistromland lebenden Menschen als Sumerer bezeichnen können, seit der Uruk- oder schon seit der Obed-Zeit.

Die Entstehung der sumerischen Hochkultur ging wahrscheinlich von der Notwendigkeit aus, durch künstliche Bewässerung fruchtbares Land für Getreide- und Gemüseanbau zu gewinnen. Wegen der geringeren Niederschläge war anders als im nördlichen Mesopotamien nur auf diese Weise ein wirklich ertragreicher Feldbau möglich. Eine solche Arbeitsleistung konnte aber allein eine – anfangs gewiß noch wenig differenzierte – Gemeinschaft unter gewissenhafter Führung erbringen. Die weltliche und religiöse Herrschaft lag zu dieser Zeit in einer Hand, der des sogenannten Priesterfürsten (sumerisch *en*). In der Forschung spricht man daher von Tempelwirtschaft (S. 62ff.), was den älteren Begriff des Theokratischen Kommunismus abgelöst hat. Die Priesterfürsten unterschieden sich bewußt von ihren Untertanen durch eine besondere Haar- und Barttracht sowie durch eine spezielle Kleidung, die in einem glatten oder in einem netzartigen Hüftrock bestand, der auch durchsichtig sein konnte. Auf einer in Uruk gefundenen Vase können wir einen solchen Priesterfürsten, eben aufgrund eines netzartigen Gewandes, als Anführer einer Kultprozession vermuten, dessen Schleppe von einem Ministranten getragen wird – die eigentliche Figur ist aber herausgebrochen. Er macht der Göttin Ischtar oder ihrer Priesterin seine Aufwartung.

Gegen Ende des 4. Jahrtausends wurde die künstliche Bewässerung noch notwendiger. Da der Pegel des Persischen Golfes allmählich zurückging, vergrößerte sich die Fließgeschwindigkeit von Euphrat und Tigris, und die Gegend zwischen den beiden Strömen trocknete immer mehr aus. Um die Fortexistenz zu sichern, bildeten sich an den Ufern der Flüsse größere Gemeinwesen, die personell in der Lage waren, die notwendigen baulichen Maßnahmen durchzuführen, und unter Führung befähigter Herrscher allmählich zu ‚Städten' heranwuchsen. Wasser war zu jeder Zeit das Lebenselixier der mesopotamischen Siedlungen. Versiegte das Wasser, zum Beispiel durch eine starke Veränderung des Flußlaufes oder durch feindliche Zerstörung der Kanäle, war es bald um die Bedeutung eines Ortes geschehen. Daß man schon in früher

Zeit vor Gewaltanwendung gegen andere Siedlungsgemeinschaften in Form lokaler Kriege nicht zurückschreckte, beweisen Darstellungen gefangener Priesterfürsten (Abb. 4). Zu größeren Herrschaftsbildungen kam es aber noch nicht. Die staatliche Organisation der Sumerer blieb ganz im Rahmen der einzelnen Städte.

Die Gesellschaft gliederte sich nicht nur in Herrschende und Untergebene, sondern bald auch nach bestimmten Berufen, da der Arbeitsprozeß entsprechend den sich mehr und mehr differenzierenden Erfordernissen der Wirtschaft immer komplexer wurde. Der Überschuß aus der Agrarwirtschaft bildete die Grundlage für einen regen Handel. Auch das Gewerbe erreichte eine erste Blüte, so etwa in der Herstellung von Metallgefäßen. In Dschemdet Nasr nordöstlich von Babylon hat man sehr schöne bemalte Keramik gefunden. Daher sprechen wir von der Dschemdet Nasr-Zeit, die ungefähr das 29. Jahrhundert umfaßt. Mit dem Auftreten der Bronze, zu deren Herstellung man neben Kupfer noch Zinn (vermutlich aus dem Westiran) benötigte, begann ein neuer Abschnitt, die Bronzezeit, die sich über das 3. und das gesamte 2. Jahrtausend erstreckte.

Die größte Leistung der Sumerer stellte zweifellos die Erfindung der Schrift dar, die zunächst nur den buchhalterischen Erfordernissen der Tempelwirtschaft diente. Aus den anfänglichen piktographischen Zeichen wurde bald, etwa um 2700, die für den Alten Orient typische Keilschrift (S. 78 ff.). Auch Wagenrad und schnell drehende Töpferscheibe waren sumerische Erfindungen. Eine weitere Neuerung der Sumerer war das Rollsiegel, das als bildliche Eigentumsmarkierung auf Gefäßverschlüssen diente; ebenso wurden Tontafeln und Türverschlüsse gesiegelt. Bei Rollsiegeln handelt es sich um schmale zylinderförmige Gegenstände, die auf der Außenseite mit verschiedenen Figuren und Ornamenten verziert sind. Die abgerollten Bilder sind unverwechselbare Signaturen des jeweiligen Siegelbesitzers. Da die bis zu den Persern verwendeten Siegel häufig Herrschernamen tragen oder auf chronologisch festlegbaren Texten erscheinen, kann die Archäologie

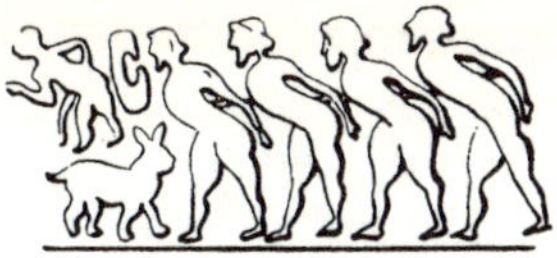

Abb. 4: Gefangene Priesterfürsten auf der Abrollung eines Rollsiegels aus Susa (Elam)

die Stil- und Motiventwicklung dieser Denkmälergattung in einen recht zuverlässigen zeitlichen Rahmen einordnen. Dadurch sind auch allgemeine Rückschlüsse auf den ikonographischen Wandel in der altorientalischen Kunst möglich.

Die bedeutendste Stadt der Sumerer war Uruk, das biblische Erech. Dort wurden große Tempelanlagen und öffentliche Gebäude freigelegt. Neben Kultbauten zu ebener Erde gab es auch solche auf Hochterrassen, die möglichen Vorläufer der Zikkurrate (Tempeltürme). In Uruk gab es zwei davon: In der älteren soll der berühmte Held Gilgamesch geboren und begraben sein, die jüngere war der Inanna/Ischtar geweiht. Sie ist die einzige Gottheit, die wir in jener frühen Zeit bereits nachweisen können. In einer berühmten lebensgroßen Frauenmaske, die in allen einschlägigen Werken über den Alten Orient abgebildet ist – und deswegen nicht in diesem Band –, haben wir vielleicht ein Abbild der Göttin oder ihrer Hohepriesterin vor uns. Uruk ist aber vor allem wegen seines riesigen, fast 10 Kilometer langen Mauerrings berühmt, der mit mehr als 900 Türmen befestigt war. Der Legende nach ist er um 2700 von Gilgamesch geschaffen worden. Mit seinem Namen verbinden sich zum erstenmal sowohl archäologische als auch literarische Zeugnisse: Er ist der Held des gleichnamigen Epos (S. 84f.). Bereits jetzt beginnt also in Vorderasien die geschichtliche Phase, etwa 3500 Jahre früher als in Mitteleuropa, wo sie erst mit Karl dem Großen einsetzt.

Die Einwanderung der Semiten

Angelockt durch den Reichtum und die wirtschaftliche Prosperität der sumerischen Hochkultur, wanderten wahrscheinlich schon ab 3000 nach und nach ostsemitische Nomadenstämme aus dem Norden, hauptsächlich aber aus dem Gebiet des Dijala, in das südliche Mesopotamien ein. Der Vorgang läßt sich am Aufkommen semitischer Eigennamen ablesen. Die dadurch hervorgerufene Unruhe spiegelt sich wahrscheinlich symbolhaft in der Sumerischen Königsliste wider: Wie die Bibel berichtet sie von einer Sintflut. Diese Liste ist ein Schriftdenkmal von herausragender historischer Bedeutung. In ihr sind die Abfolge der Herrscher und die politischen Kräfteverhältnisse zwischen den einzelnen Stadtstaaten festgehalten. Die Periode ab etwa 2800 wird daher in der Forschung als Frühdynastische Zeit bezeichnet. Die Königsliste gibt nach einigen eher legendären ‚vorsintflutlichen' Königen einen mehr auf den geschichtlichen Tatsachen beruhenden Bericht aus der Zeit nach der Flut. Die Deutung der Flut als eines literarischen Reflexes auf die semitische Einwanderung wird durch die Betonung der Wichtigkeit der Stadt Kisch (bei Babylon) gestützt, denn diese Siedlung war das frühe Zentrum des semitischen Herrschaftsanspruches über das Zweistromland.

Noch während der Frühdynastischen Periode scheint es aber mit der Seßhaftwerdung der Semiten zu einer Konsolidierung der Verhältnisse gekommen zu sein. Man arrangierte sich, wobei der Süden Babyloniens stärker von der alteingesessenen Bevölkerung, der Norden mehr von den Neuankömmlingen geprägt war; eine gewisse Spannung blieb aber zweifellos bestehen. Diese wurde durch zahllose Kriege zwischen den einzelnen Stadtstaaten zunächst überdeckt. Von ethnischen Gegensätzen als Ursachen für diese Auseinandersetzungen wissen wir nichts. Nach Uruk und Kisch traten Ur, Mari, Umma und Lagasch an die erste Stelle. Von einem Krieg zwischen den beiden letztgenannten Städten berichtet uns eine große, auf allen vier Seiten mit Reliefs verzierte Siegesstele des Königs Eanatum von Lagasch.

Die Einheit zwischen weltlicher und geistlicher Macht zerbrach in dieser Epoche. Sichtbares Zeichen dafür ist, daß sich neben Kultbauten erstmals Paläste nachweisen lassen, die den Herrschern sowohl als Wohnsitz als auch als Repräsentations- und Verwaltungsgebäude dienten. Die Machthaber nannten sich jetzt Könige (sumerisch *lugal*, ‚großer Mensch'), nicht mehr Priesterfürsten. Sie ließen sich mit ihren Frauen und einem Teil des Hofstaates, Dienern, Musikanten und Wagenlenkern, sowie mit reichen Beigaben in Schachtgräbern beisetzen. Über den Sinn der Gefolgschaftsbestattung, die in Mesopotamien nur in dieser Epoche vorkommt, ist sich die Forschung nicht völlig im klaren. Wahrscheinlich sollte der Herrscher nur seine Vertrauten und Diener im Jenseits um sich haben. Die bedeutendsten Königsgräber wurden in Ur entdeckt; sie stammen aus der Mitte des 3. Jahrtausends, während oder kurz vor der I. Dynastie von Ur.

Erstmals hoben sich in der Kunst die Götter durch eine besondere Kopftracht ab, eine mit Hörnern geschmückte Kappe. In den Tempeln wurden steinerne Statuetten von Menschen in Unterlebensgröße aufgestellt, die für ein langes Leben der Dargestellten bitten sollten. Die unermeßliche Distanz, die die Götter von den Sterblichen trennte, wurde so deutlich sichtbar.

Das Reich von Akkad und die Ur III-Dynastie

Die Frühdynastische Periode endete im 23. Jahrhundert mit der Herrschaft des Semiten Sargon I. von Akkad. In Sargon begegnet uns eine historische Person, die einer ganzen Epoche ihren Stempel aufzudrücken vermochte. Seine Kindheit und Jugend liegen im dunkeln. Von seiner Mutter, einer Hohepriesterin, ausgesetzt, soll das Kind – man vergleiche ähnliche Geschichten über Moses oder Romulus und Remus – von mitleidigen Bauern großgezogen und Mundschenk eines Königs von Kisch geworden sein, der durch ihn vom Thron verdrängt wurde. Dies war der Auftakt eines beispiellosen Siegeszuges, an dessen Ende nicht nur die sumerischen Stadtstaaten, sondern ganz Mesopotamien, ja sogar Teile Syriens und Kleinasiens sowie das iranische Elam dem Eroberer botmäßig waren. Sargon hatte das erste Reich auf vorderasiatischem Boden geschaffen, das diesen Namen wirklich verdiente. Die Gründung der neuen Kapitale Akkad krönte Sargons Werk. Mit ihm errangen die Semiten endgültig die Vorherrschaft in Mesopotamien. Den Kriegserfolg verdankten sie nicht nur der Energie Sargons, sondern auch einer neuen Kampftechnik. Die mit Wurfspeer, Pfeil und Bogen bewaffneten Einzelkämpfer waren der schwerbeweglichen sumerischen Phalanx mit ihren Lanzen überlegen. Die sumerischen Städte wurden nun von akkadischen Statthaltern regiert, und das Akkadische trat als offizielle Sprache an die Stelle des Sumerischen. Freilich mußten sich sowohl Sargon selbst als auch seine Nachfolger immer wieder mit Aufständen auseinandersetzen. Die unterworfenen Völkerschaften fanden sich nicht leicht mit der Existenz eines Großreiches ab.

Die Entstehung eines einheitlichen Staates und die damit verbundene Verbreiterung des Horizonts schufen für die Entwicklung von Wirtschaft und Kunst ganz neue Voraussetzungen. Durch die Unterwerfung fremder Länder wurden bisher unerreichbare Rohstoffquellen und Absatzmärkte erschlossen, der Handel weitete sich erheblich aus. So eröffneten sich dem Seehandel im Persischen Golf ungeahnte neue Perspektiven. Im künstlerischen Schaffen wurde ein weiterer Höhepunkt erreicht, besonders in der Rollsiegelherstellung und in dem wohl in Mesopotamien erfundenen oder hier zumindest verfeinerten Metallhohlgußverfahren. Die Bildkunst wurde durch ägyptische Einflüsse angeregt, die erstmals Eingang in das Zweistromland fanden. Selbst der frühdynastische Zottenrock, ein aus einem Tierfell hergestelltes Bekleidungsstück, wurde durch eine neue Tracht ersetzt, die Breitrandkappe und das sogenannte Togagewand, das ähnlich wie ihr römisches Pendant drapiert wurde. Über die Architektur ist sehr wenig bekannt, da die Hauptstadt Akkad bis heute nicht lokalisiert werden konnte, vielleicht weil sie unter den Fundamenten einer jüngeren Stadt verborgen liegt. Vermutlich ist Akkad südlich des heutigen Baghdad zu suchen.

Für die politisch-religiösen Vorstellungen war die Vergöttlichung des lebenden Herrschers von einschneidender Bedeutung. Möglicherweise lagen auch hier ägyptische Einflüsse zugrunde. Erstmals ist in dieser Periode die Darstellung einer Kulthandlung anzutreffen, in der betende Menschen von einer fürbittenden niederen Gottheit zum göttlichen König geführt werden. In die gleiche Richtung deuten das Götterzeichen, das heißt das Keilschriftsymbol für ‚Gott', vor dem Namen des Herrschers und bestimmte Veränderungen in der bildlichen Darstellung, die wir erstmals an der Siegesstele von Sargons Enkel Naramsin nachweisen können. Freilich wurde die Apotheose zu Lebzeiten kein dauerndes Merkmal des mesopotamischen Herrschertums. Die meisten Könige der folgenden Jahrhunderte verstanden sich in ihrer Rolle als Stellvertreter der Götter.

Naramsin konnte das Akkadische Reich nach der Niederschlagung von Aufständen erneuern und sogar noch vergrößern. Nicht zu Unrecht nannte er sich ‚Herrscher der vier Weltteile'. Vielleicht schon zu seinen Lebzeiten setzte aber der Niedergang ein, der durch Thronkämpfe noch beschleunigt wurde. In der zweiten Hälfte des 22. Jahrhunderts wurde Akkad vom Bergvolk der Gutäer aus dem Zagrosgebirge im westlichen Iran überrannt. Der Untergang wurde durch eine gleichzeitige Empörung der alten sumerischen Staaten wesentlich mitbedingt. In der Überlieferung der Völker des Alten Orients blieb die Erinnerung an Akkad stets lebendig, und das Reich wurde von späteren Generationen legendenhaft verklärt. So finden wir bis zur Assyrerzeit Herrscher, die in ihrer Selbstdarstellung bewußt an Sargon anknüpften.

Für fast 100 Jahre herrschten nun im Norden Babyloniens die Gutäer, die auf einer sehr viel niedrigeren Kulturstufe standen als die Bewohner des Zweistromlandes. Von ihrer Anwesenheit zeugen nur wenige Denkmäler und Inschriften. Im Süden behaupteten sich die Sumerer, ohne daß wir im einzelnen sagen könnten, wie sich das Verhältnis zu den Gutäern gestaltete.

Die Stadt Lagasch nahm eine Zeitlang eine gewisse Vorrangstellung ein, aber es war Utuhengal von Uruk, der die

Gutäer schließlich aus Mesopotamien vertrieb. Sein Bruder Urnammu, der König von Ur, konnte sich gegenüber den anderen Stadtstaaten durchsetzen und begründete in kleinerem Maßstab das Akkadische Reich von neuem. Ur trat an die Stelle Akkads. Diese Periode wird deshalb nach der Sumerischen Königsliste als Ur III-Dynastie bezeichnet (2047–1939). Das Reich wurde eher verwaltet als wirklich regiert, dies freilich recht effektiv durch einen streng zentralisierten Beamtenapparat. Die Stadtfürsten (*enzi*) waren nicht selbständig, sondern vom König eingesetzte Stellvertreter in den einzelnen Provinzen. Eine große Zahl von erhaltenen Urkunden gibt uns Einblick in ein bürokratisiertes, straffes Abrechnungs- und Verwaltungssystem. In die Zukunft weisende Impulse blieben selten, im wesentlichen beschränkten sich die Herrscher auf eine Restauration des Sumerertums. Freilich kann von einem wirklichen Gegensatz zwischen Sumerern und Akkadern zu dieser Zeit keine Rede mehr sein. Die Semiten waren dank des Zustroms neuer Nomadenstämme längst in der Überzahl, sie verdrängten die angestammte Bevölkerung aber nicht, sondern vermischten sich allmählich mit ihr und trugen die sumerische Kultur weiter.

Eine wichtige Neuerung der Zeit war die schriftliche Fixierung von Rechtsverordnungen (der sogenannte Codex Urnammu), ein bedeutender Schritt hin auf die Gesetzessammlung Hammurabis (S. 30ff.). Vielleicht geht auch die kanonische Ausbildung des Tempelturms als Zikkurrat auf diese Periode zurück. Das berühmte Mausoleum der Herrscher von Ur wurde bereits im Altertum völlig ausgeplündert, so daß aufgrund der schlechten Überlieferung nur sehr vorsichtige Aussagen über das künstlerische Schaffen möglich sind.

Insgesamt gesehen, hatten die Sumerer ihren Höhepunkt aber zweifellos überschritten. Nach langer politischer Stabilität brach das Neusumerische Reich im 20. Jahrhundert unter dem Ansturm der Amurriter und der Elamer zusammen, der letzte König Ibbisin starb in elamischer Gefangenschaft. Traten die Sumerer nach über einem Jahrtausend auch als Akteure von der politischen Bühne ab, so wirkten ihre Kultur und

Zivilisation doch noch über viele Jahrhunderte bis zum Ausgang der altorientalischen Geschichte fort.

2. Babylonien unter Amurritern und Kassiten

Die Amurriter

Das Ende der sumerischen Herrschaft wurde von den Zeitgenossen wahrscheinlich nicht als solches empfunden. Der abtrünnige Statthalter Ischbierra hatte bereits zu Lebzeiten Ibbisins eine eigene Dynastie begründet, die nach seiner Residenz, dem mittelbabylonischen Isin, als Isin I-Dynastie bezeichnet wird (1953–1729). Mit der Vertreibung der Elamer aus Ur gelang es ihm, das Reich in wesentlich verkleinerter Form wiederaufleben zu lassen. Durch eine sumerische Gesetzessammlung unter König Lipiteschtar (1870–1860) wurde der alten Sprache sogar noch einmal Geltung verschafft. Gegen die anderen ehemaligen Untertanen Urs konnte sich Isin aber auf die Dauer nicht durchsetzen. Der Rückfall in die Kleinstaaterei führte zu instabilen, für den Historiker nur schwer durchschaubaren Verhältnissen, die von wechselnden Koalitionen und schnellebigen Triumphen geprägt waren, die in den jeweiligen Siegesinschriften um so mehr aufgebauscht wurden, je belangloser sie waren. Wesentlich ist, daß die Amurriter, die bereits entscheidend zum Fall Urs beigetragen hatten, die Dinge mehr und mehr in die Hand bekamen.

Die Amurriter waren Westsemiten, von denen wir erstmals schon während der Herrschaft von Akkad hören. Ihre in Stämme gegliederte Gesellschaftsstruktur entsprach bis zu einem gewissen Grade jener der heutigen Beduinen. Im Unterschied zu diesen war ihnen freilich das Kamel noch unbekannt; auf den Esel angewiesen, waren sie weniger beweglich als moderne Nomaden und sind als Halbnomaden mit Winter- und Sommerwohnsitz einzustufen. Einer ihrer großen Stämme waren die Benjaminiten, denen auch die biblische Gestalt des Abraham entstammen soll. Von ägyptischen Wandmalereien und Grabbeigaben aus für die Amurriter charakteristischen Hügelbestattungen wissen wir, daß sie mit einer Lanze bzw. einem Speer, einem ‚Wurfholz' und einer besonderen Form der Bronzeaxt bewaffnet waren, die wegen zweier Öffnungen in ihrem Blatt als Fensteraxt bezeichnet wird. Von den Sumerern und Akkadern zunächst als unzivilisierte Nomaden betrachtet, glichen sie sich tatsächlich der überlegenen Kultur an; insbesondere übernahmen sie die akkadische Sprache, konnten aber dennoch oder vielleicht gerade deshalb ihre eigene politische Herrschaft etablieren.

Der Aufstieg Babylons

Nach Isin geriet das südbabylonische Larsa unter eine amurritische Dynastie, und diese Stadt war es schließlich auch, die 1729 mit der Eroberung Isins dem Königtum der Nachfolger Ischbierras ein Ende setzte. Jedoch wurde Larsa bald danach, im Jahre 1699, selbst Opfer eines amurritischen Herrschers, nämlich Hammurabis von Babylon (1728–1686). Die Anfänge Babylons liegen völlig im dunkeln, und selbst unter den unmittelbaren Vorgängern Hammurabis spielte die Stadt anscheinend keine wichtige Rolle. Erst Hammurabi selbst führte sie zu einer derartigen Bedeutung, daß das ganze südliche Zweistromland später von den Griechen Babylonien genannt wurde. Dieses Gebiet und auch Teile Assyriens wurden von ihm nicht nur durch militärische Tüchtigkeit, sondern vor allem mittels einer geschickten Diplomatie unterworfen, die sich die lokale Zersplitterung und das Wechselspiel der übrigen Mächte zunutze machte. Heute verknüpft man mit Hammurabis Namen freilich nicht so sehr große politische Erfolge als vielmehr seine berühmte Gesetzessammlung. Zu Anfang unseres Jahrhunderts wurde im elamischen Susa eine 2,25 Meter hohe Stele gefunden, die im 12. Jahrhundert als Beutestück dorthin gelangt war (s. auch S. 34). In diese Stele aus schwarzem Diorit ist der Codex Hammurabi eingemeißelt. Das Reliefbild zeigt den König selbst, der von dem thronenden Sonnengott Schamasch die Gesetze erhält (Abb. 5). Unwillkürlich fühlt man sich an die Übergabe der Zehn Gebote an

Abb. 5: Oberteil der Stele des Hammurabi (Louvre/Paris)

Moses auf dem Berg Sinai erinnert. Unter der Darstellung sind die rund 280 ‚Paragraphen' des Codex aufgeführt, die nach modernen Begriffen bürgerliches, Straf- und Verwaltungsrecht behandeln, wobei die Kategorien nicht scharf zu trennen sind. Ohne Anspruch auf Vollständigkeit werden markante Einzelfallentscheidungen angeführt, die sich vor allem durch ihre Härte von den früheren Rechtssammlungen Urnammus und Lipiteschtars abheben. Neu ist insbesondere die Talion, das heißt die Vergeltung von Gleichem mit Gleichem, etwa die Bestrafung eines Mörders mit dem Tod. Inwieweit der Codex das Recht auf neue Grundlagen stellte und ob er überhaupt allgemeine Gültigkeit erlangte, ist in der Forschung umstritten. Wir wissen aber, daß er als Literaturwerk allgemeine Anerkennung fand und bis in das 1. Jahrtausend als Stilmuster in den Schreiberschulen diente.

Die Kassitenherrschaft

Hammurabis politischem Werk war geringere Dauerhaftigkeit beschieden. Schon unter seinem Sohn Samsuiluna machte sich eine neue Völkerschaft bemerkbar, die Kassiten, die wahrscheinlich aus dem iranischen Bergland stammten. Über ihre Sprache und Kultur wissen wir sehr wenig, da sie sich schon früh an die mesopotamische Kultur anglichen. Babylonien konnte ihrem gewaltsamen Ansturm mehr als 100 Jahre lang widerstehen; nur auf dem Wege friedlicher Einwanderung gelangten kleine Gruppen ins Land, die seßhaft wurden und sich in die bestehende Herrschaftsordnung einfügten.

Schließlich bereiteten auch nicht die Kassiten der Dynastie Hammurabis ein Ende, sondern die indogermanischen Hethiter, die in Zentralanatolien und Nordsyrien ein mächtiges Reich errichtet hatten. Unter ihrem König Murschilis I. stießen sie 1530 bis zu dem mehr als 1500 Kilometer entfernten Babylon vor, eroberten es und kehrten mit reicher Beute heim. Über die Hintergründe dieser erstaunlichen militärischen Operation, die den Hethitern nur dank ihrer von Pferden gezogenen schnellen Kampfwagen möglich war, lassen uns die Quellen völlig im ungewissen. Eine dauerhafte Besetzung des weit entfernten Babylonien war den Hethitern nicht möglich, die eigentlichen Nutznießer waren daher die wahrscheinlich mit ihnen verbündeten Kassiten, die nun die Macht übernahmen. Über die erste Phase ihrer Herrschaft wissen wir nur sehr wenig. Sie fällt in die erwähnte Lücke unbekannter Ausdehnung, aufgrund derer es unmöglich ist, eine absolute Chronologie für die früheren Ereignisse aufzustellen (S. 11 f.).

Um die Mitte des 15. Jahrhunderts sehen wir dank eines Aufschwungs des kassitischen (oder Mittleren) Babylonien wieder klarer. Eine grundlegende Veränderung der Verhältnisse ist festzustellen: Konnten wir bisher dem Gang der Ereignisse folgen, ohne über Südmesopotamien und die unmittelbar angrenzenden Gebiete hinausschauen zu müssen, so beobachten wir nun erstmals so etwas wie ein ‚Mächtekonzert', das dem gesamten Vorderen Orient zusammenhängende politische Strukturen gab. In keinem Staat konnte etwas geschehen, ohne daß es mehr oder minder große Auswirkungen auf die übrigen Reiche hatte. Die kassitischen Könige Babylons brachten es fertig, 300 Jahre lang im politischen Spiel zu bleiben. Neben Ägypten, dem Hethiterreich und dem Mittanistaat im nördlichen Mesopotamien (S. 37 ff.) war Babylonien die vierte ‚Weltmacht' Vorderasiens. Dies zeigt nicht nur die persönliche Begegnung eines kassitischen Königs, vielleicht des Karaïndasch, mit Pharao Thutmosis III. (1479–1425) am Euphrat – Gipfeltreffen von Staatsoberhäuptern waren damals noch nicht üblich –, sondern vor allem die umfängliche diplomatische Korrespondenz zwischen den Höfen, in der Babylonien stets als gleichberechtigter Partner erscheint. Die Beziehungen zu Ägypten wurden dadurch gefestigt, daß die Könige kassitische Prinzessinnen an den Hof des Pharaos entsandten und als Gegenleistung Gold erhielten, das sie für ihre umfänglichen Bauprogramme gut gebrauchen konnten.

Eine ernste Gefahr erwuchs Babylonien erst durch den schier unaufhaltsamen Aufstieg des Mittleren Assyrischen Reiches. Stand Assyrien Anfang des 14. Jahrhunderts vielleicht auch kurzfristig in kassitischer Abhängigkeit, so änderte sich dies bald, und es kam über Jahrhunderte hinweg immer wieder zu ernsten militärischen Auseinandersetzungen. Schon Assur-uballit I. intervenierte in der zweiten Hälfte des 14. Jahrhunderts erfolgreich in innere Angelegenheiten Babyloniens, und Tukulti-Ninurta I. schlug um 1225 den kassitischen König Kaschtiliasch IV., nahm ihn gefangen, eroberte Babylon und verwüstete weite Teile des Landes. Dieser Erfolg wurde vielleicht dadurch erleichtert, daß erst kurz zuvor die Elamer einen Angriff gegen Babylonien geführt hatten. Über Elam hatten die Kassiten wie über Assyrien zunächst eine vorübergehende Herrschaft etablieren können, nur um dann um so heftiger mit dem östlichen Nachbarn kämpfen zu müssen.

Dank einer Schwächeperiode des Assyrischen Reiches konnte Babylonien, das für einige Zeit sogar von assyrischen Statthaltern regiert worden war, wieder Atem schöpfen und sogar seinerseits einige Erfolge gegen Assyrien erzielen. Die zunehmende Konsolidierung wurde aber durch einen erneuten und diesmal vernichtenden elamischen Einfall um 1165 jäh beendet. König Schutruk-Nachunte eroberte das Land und brachte unzählige Kunstwerke, unter anderem die Stele mit dem Codex Hammurabi, nach Elam. Unter seinem Nachfolger Kudur-Nachunte bekam das widerstrebende Volk die harte Hand des Siegers zu spüren, der letzte kassitische Herrscher Enlil-nadin-achi starb in elamischer Gefangenschaft. Durch die Verschleppung der Statue des babylonischen Hauptgottes Marduk nach Elam wurde dem kassitischen Königtum symbolisch ein Ende gesetzt.

Auch die Elamer vermochten sich nicht auf Dauer zu halten. Die Herrscher der sogenannten Isin II-Dynastie wurden früh zu den Trägern des Widerstandes. Nach 30 Jahren konnte die Fremdherrschaft abgeschüttelt und das babylonische Königtum erneuert werden. Der bedeutendste König Nabukudurri-usur (Nebukadnezar I.; 1124–1103) ging sogar wieder gegen Elam und Assyrien vor. Doch der Dynastie war keine Dauer beschieden. Wieder einmal waren es nomadische Einwanderer, diesmal die semitischen Aramäer, die einen Umsturz der Verhältnisse herbeiführten. Diese konnten nicht so leicht assimiliert werden wie die Eroberer vor ihnen: Sie behielten ihre eigene Sprache und schrieben nicht auf Tontafeln, sondern auf Papyrus und Pergament. Umgekehrt wurde sogar Mesopotamien von ihnen beeinflußt. Wir stehen hier am Anfang eines Jahrhunderte dauernden Prozesses, der schließlich mit dem Untergang der mesopotamischen Kultur endete.

Die Aramäer hatten sich bereits seit dem 14. Jahrhundert bemerkbar gemacht, und die einzelnen Stämme brachten nun, im 11. Jahrhundert, weite Teile des Landes unter ihre Kontrolle. Um 1067 bestieg ein aramäischer Fürst den babylonischen Thron. Ganz im Süden, im sogenannten Meerland, siedelten sich die mit den Aramäern eng verwandten Chaldäer an, deren Fürstentümer später der assyrischen Herrschaft den entschiedensten Widerstand entgegensetzen sollten. Das Reich zerfiel in viele kleine und kleinste Fürstentümer, und die Könige von Babylon waren nur noch ein Schatten ihrer früheren Größe. Das Mittlere Reich hatte sein Ende gefunden; die Geschicke Babyloniens gingen von nun an völlig in denen Gesamtmesopotamiens auf.

3. Assyrien und das Mittanireich im 2. Jahrtausend

Das Alte Assyrien

Wir haben die Geschichte Babyloniens bis zum Ende des 2. Jahrtausends verfolgt, nun ist es an der Zeit, noch einmal zurückzugehen und von Anfang an zu betrachten, wie sich die Dinge im nördlichen Mesopotamien entwickelten. Während Babylon erst relativ spät zur Metropole des Südens aufstieg, ist es hier im wesentlichen eine einzige Stadt, an deren Schicksal man die Geschichte der gesamten, folgerichtig nach ihr benannten Region ablesen kann: das am Westufer des oberen Tigris gelegene Assur. Wir haben gesehen, daß während des Chalkolithikums der Süden in seiner kulturellen und später auch politischen Entwicklung am Norden vorbeizog. In Assur finden wir sogar erst während der Frühdynastischen Zeit sichere Beweise für eine Ansiedlung. Die Geschichte des 3. Jahrtausends ist für uns nicht zu rekonstruieren, Assur scheint sich aber wie der ganze übrige Norden Mesopotamiens für längere Perioden in Abhängigkeit von Akkad und dem Reich von Ur III befunden zu haben. Auch die assyrische Sprache, der wir erstmals zu Beginn des 2. Jahrtausends begegnen, ist ein nördlicher Dialekt des semitischen Akkadisch.

Die Assyrische Königsliste aus dem 8. Jahrhundert berichtet, daß die ersten Herrscher noch „in Zelten wohnten". Das heißt wahrscheinlich, daß sie Nomaden waren. Für die frühen assyrischen Herrscher fehlt uns aber jede gesicherte historische Überlieferung. Das assyrische Königtum war von Anfang an stark auf die Stadt und den gleichnamigen Stadtgott ausgerichtet. Die Herrscher verstanden sich nicht als Könige, sondern nur als Stellvertreter des Gottes Assur. Die Urkunden wurden nicht – wie sonst üblich – nach ihren Regierungsdaten, sondern nach den Namen bestimmter oberster Beamter datiert; man spricht in solchen Fällen nach dem griechischen Sprachgebrauch von eponymen Beamten.

Neben dem König – und offenbar ziemlich unabhängig von ihm – waren es die Kaufleute, die die Entwicklung des Alten Assyrien prägten. Schon Assur selbst verdankte seine Gründung wahrscheinlich der günstigen Lage an den Handelsrouten zwischen Syrien und Iran bzw. Babylonien. In historischer Zeit war der Handel mit Anatolien fest in assyrischer Hand. Die Händler lieferten Zinn aus Iran, daneben vor allem Stoffe aus eigener oder babylonischer Produktion, und erhielten dafür Silber. Unser relativ detailliertes Wissen über diese ökonomischen Verbindungen verdanken wir den Ausgrabungen in Kanisch (Nescha), wo sich die bedeutendste assyrische Handelsniederlassung Kleinasiens befand. Mit dem wirtschaftlichen verband sich auch ein kultureller Einfluß, wie das Vordringen altassyrischer Sprache und Schrift in der Korrespondenz anatolischer Herrscher beweist.

Im 18. Jahrhundert wurde der Handel nicht zuletzt durch den plötzlichen Machtzuwachs Assyriens gefördert. Schamschi-Adad I., Sohn eines Fürsten aus der Gegend um Mari am mittleren Euphrat, verdrängte den einheimischen assyrischen Herrscher und etablierte eine eigene Dynastie. Die von babylonischer Kultur geprägten Neigungen des Nichtassyrers – was ihm von späteren Generationen zum Vorwurf gemacht wurde – zeigten sich am deutlichsten in der Gleichsetzung des babylonischen Gottes Enlil mit dem Stadtgott Assur. Ähnlich wie sein jüngerer Zeitgenosse Hammurabi verdankte Schamschi-Adad seinen Aufstieg der Zersplitterung der politischen Landkarte Nordmesopotamiens, die er durch Ergreifung jeder sich bietenden Bündnismöglichkeit zu nutzen wußte. Am Ende seiner Regierung kontrollierte er, unterstützt von seinen

Söhnen, fast ganz Assyrien, das wir nun erstmals zu Recht mit dem nördlichen Mesopotamien gleichsetzen dürfen. Sein Werk hatte jedoch noch weniger Bestand als das Hammurabis. Schamschi-Adads durchaus fähiger Sohn Ischmedagan konnte sich im Spiel der Mächte nicht behaupten und wurde bald auf das assyrische Kerngebiet beschränkt. Nomadeneinfälle aus dem Iran verschlimmerten die Situation noch; der Versuch, sich an Hammurabi anzulehnen, brachte keinen praktischen Erfolg, es gibt sogar Hinweise, daß der Babylonier selbst kurzzeitig die Herrschaft über Assur an sich brachte. Der weitgespannte Handel kam in Ischmedagans Zeit völlig zum Erliegen. Mit seiner Regierung endete das Altassyrische Reich (1. Hälfte 17. Jahrhundert), und die Überlieferung bricht für mehrere Jahrhunderte fast völlig ab. Assur war in dieser Zeit offenbar wieder auf die Größe eines Stadtstaates reduziert.

Das Reich von Mittani

Ein neuerlicher Aufstieg wurde vor allem durch die Bildung des Staates Mittani verhindert. Wahrscheinlich schon zu Anfang des 16. Jahrhunderts wurden mehrere hurritische Kleinstaaten im nördlichen Mesopotamien westlich Assurs und in Nordsyrien unter einer Herrschaft zusammengefaßt, ohne daß wir Näheres über die genauen Umstände sagen könnten. Die Hurriter waren wahrscheinlich aus den nordöstlichen Bergländern des Kaukasus und Armeniens eingewandert und lassen sich seit der zweiten Hälfte des 3. Jahrtausends inschriftlich im Zweistromland nachweisen. Ihre Sprache ist weder semitisch noch indogermanisch und nur mit dem Urartäischen (S. 43) sicher verwandt. Sie übernahmen die Keilschrift und wurden sehr stark von der mesopotamischen Kultur beeinflußt. Die Herrschernamen sowie einige andere Wörter und Götternamen des Mittanireiches weisen freilich auf das Indoarische hin, einen Dialektzweig des Indogermanischen. Wahrscheinlich hatten indoarische Elemente einen gewissen Anteil an der Ausformung des Reiches, sie scheinen aber schon sehr früh in der hurritischen Kultur aufgegangen zu sein. Leider können wir, was den inneren Aufbau und die soziale Gliederung, teilweise auch die Ereignisgeschichte betrifft, kaum über Vermutungen hinausgelangen, da die Hauptstadt Waschukkanni bis jetzt noch nicht lokalisiert werden konnte und auch Urkunden und literarische Dokumente von hurritischer Hand weitgehend fehlen.

Der neue Staat profitierte nicht nur vom Machtverfall Assyriens, sondern auch von einer Schwächeperiode des Hethiterreiches. So gelang es König Parrattarna im 15. Jahrhundert, durch die Inbesitznahme Haleps (Aleppo) seine Herrschaft über ganz Nordsyrien, ein traditionell hethitisches Interessengebiet, bis zum Mittelmeer auszudehnen. Einem seiner Nachfolger, Sauschatar, gelang es sogar, Assur einzunehmen und vielleicht noch weiter in das Land östlich des Tigris auszugreifen. Freilich blieben Mittani schwerwiegende Erschütterungen nicht erspart. In Syrien kollidierten seine Ansprüche Mitte des 15. Jahrhunderts mit der aggressiven ägyptischen Expansionspolitik, die Thutmosis III. aufgenommen hatte. Die Hurriter konnten sich aber auf Dauer behaupten, und seit Ende des 15. Jahrhunderts ist sogar eine zunehmende Annäherung zwischen den beiden Staaten zu beobachten, wie ein reicher Briefwechsel beweist. Wie die babylonischen Könige dieser Zeit vereinbarten die Herrscher Mittanis Heiratsverbindungen mit Ägypten und waren umgekehrt sehr am Gold des Pharao interessiert. Die zweimalige Entsendung des Kultbildes der assyrischen Ischtar von Ninive – ein Hinweis auf eine damalige Herrschaft über Assyrien – zur Heilung des erkrankten Pharao Amenophis III. beweist, wie eng sich die Beziehungen zeitweise gestalteten.

Ein wichtiges Motiv für die Allianz zwischen Ägypten und Mittani war das Wiedererstarken des Hethiterreiches. Nach der Konsolidierung der kleinasiatischen Verhältnisse unter seinen Vorgängern wandte sich Schuppiluliuma (etwa 1355/45–1320) den Verhältnissen in Syrien und Nordmesopotamien zu und konnte sich dabei vielleicht vorangegangene Thronwirren in Mittani zunutze machen. Sein direkter Vorstoß auf Waschukkanni blieb freilich zunächst erfolglos, er konnte aber Syrien aus der hurritischen Abhängigkeit lösen. Seine Unternehmungen wurden noch durch eine außenpolitische Isolierung Mittanis begünstigt, denn die Beziehungen zwischen Tuschratta, dem König von Mittani, und Pharao Amenophis IV. (Echnaton) hatten sich zu dieser Zeit sehr verschlechtert. Ein neuer Zug gegen Waschukkanni, der in Zusammenhang mit Tuschrattas Ermordung stand, brachte Schuppiluliuma schließlich den gewünschten Erfolg: Mittani brach vollständig zusammen.

Das Mittelassyrische Reich

Diese Situation nutzte der assyrische König Assur-uballit I. (1353–1318), um die Souveränität Assurs wiederherzustellen und in eigenständige diplomatische Beziehungen zu Ägypten zu treten. Der neuerliche Aufstieg Assurs brachte dem in den Quellen nicht einmal mehr Mittani, sondern mit einer anderen geographischen Bezeichnung Chanigalbat genannten Hurriterstaat eine Gnadenfrist. Denn Schuppiluliuma konnte das Erstarken eines neuen Konkurrenten gar nicht recht sein. Daher etablierte er gegen assyrischen Widerstand einen eigenen Prätendenten als Vasallen auf dem hurritischen Thron. Weil nach dem Tode Schuppiluliumas nachhaltige Unterstützung ausblieb – teilweise bedingt durch eine verheerende Seuche im Hethiterreich –, konnten sich die letzten Herrscher von Chanigalbat gegen den assyrischen Druck auf Dauer nicht behaupten. Unter Salmanassar I. von Assur (1263–1234) wurden die letzten Reste des Mittanistaates zerschlagen. Chanigalbat wurde assyrische Provinz, ein Großteil der Bevölkerung deportiert. Die dominierende Macht der Region war jetzt das Assyrerreich.

Unter Tukulti-Ninurta I. (1233–1197) erreichte Assyrien seinen vorläufigen Höhepunkt. Er herrschte nicht nur einige Jahre lang über Babylonien, sondern konnte auch im Norden und Westen das Reich konsolidieren, insbesondere durch die diplomatische Beilegung einer drohenden Auseinandersetzung mit den Hethitern. Die Eroberungen bedeuteten in wirtschaftlicher Hinsicht nicht nur unmittelbaren Gewinn aus der Kriegsbeute, sondern auch, falls die Herrschaft dauerhaft etabliert werden konnte, Zugriff auf neue Ressourcen und regelmäßige Tributzahlungen. Dies hatte schon den Vorfahren Tukulti-Ninurtas umfangreiche Baumaßnahmen gestattet, er selbst aber war als Bauherr mindestens ebenso bedeutend wie als Politiker. Er verschönerte nicht nur Assur, sondern schuf sich eine ganz neue, wenige Kilometer von Assur entfernte Residenz, Kar Tukulti-Ninurta. Auch wenn der neue Palast von den Nachfolgern Tukulti-Ninurtas wieder aufgegeben wurde, so diente er nicht nur dem vordergründigen Prestige seines Erbauers, sondern war die Manifestation der Bedeutung des Königs als Mittelpunkt des Staates, die er seiner Stellvertretung des Gottes Assur verdankte.

Zahlreiche Feste und Riten hoben die religiöse Stellung des Herrschers hervor. Der akkadische Titel eines ‚Herrschers der vier Weltteile', den die assyrischen Könige seit Tukulti-Ninurta führten, macht einen universalen Anspruch deutlich, dem die Assyrer später, während der Blüte des Neuen Reiches, fast gerecht werden konnten. Ein großer Hofstaat untermauerte noch den Rang des Königs, aber die Herrschaft war keine allumfassende, sondern erlaubte dem Adel beachtliche Mitspracherechte. Ohnehin zeichnete sich das Verhältnis zwischen Herrscher und Untergebenen durch eine erstaunliche Freiheit und Ungezwungenheit aus. In den erhaltenen späteren Bilddarstellungen von Hofszenen treten die Mitglieder der Aristokratie dem König niemals unterwürfig gegenüber. Nur besiegte Feinde mußten den König fußfällig verehren. Leider wissen wir über die einzelnen Kompetenzen und die – offenbar ziemlich hierarchische – Gliederung des Verwaltungsapparates nur sehr unzureichend Bescheid. Eine gewisse Tendenz zur Vererbung von zivilen wie militärischen Positionen trug zu einer weiteren Stärkung der großen Familien bei, brachte aber gewiß oft wenig befähigte Personen an entscheidende Stellen.

Trotz unbestreitbarer Erfolge waren die letzten Jahre Tukulti-Ninurtas von einer wachsenden Feindseligkeit des Adels geprägt. Über die Gründe kann man nur spekulieren. Man hat sowohl an Ablehnung der gewaltigen Bauvorhaben wie auch an Unzufriedenheit mit der Förderung des babylonischen Mardukkults durch den König gedacht. Eine Verschwörung endete mit der Ermordung des Königs durch die Hand eines seiner Söhne. Auf Tukulti-Ninurtas Tod folgte fast ein Jahrhundert der Schwäche, in dem Assyrien zeitweise sogar in eine gewisse Abhängigkeit von Babylonien gekommen zu sein scheint. Über die Ursachen können wir nichts Sicheres sagen, aber der zunehmende Druck der aramäischen Stämme aus dem Westen machte die Situation des Reiches nicht einfacher. Tiglatpilesar I. (1114–1076) konnte von dem erweiterten Handlungsspielraum nach dem Ende des Hethiterreiches und dem Zusammenbruch des kassitischen Babylon profitieren. Er stieß erstmals nach Syrien und bis zur Mittelmeerküste vor. Diese Eroberungen gingen aber bald nach seinem Tod an die Aramäer verloren, und wie schon 600 Jahre zuvor sah sich das Reich wieder auf die Gegend um Assur beschränkt.

4. Das Neuassyrische Reich und Spätbabylonien

Der erneute Aufstieg Assyriens

Über ein Jahrhundert lang konnten sich die assyrischen Herrscher nur mühsam gegen die aramäischen Kleinstaaten behaupten. Erst Assur-dan II. (935–912), mit dem die letzte Periode der assyrischen Geschichte, das Neuassyrische Reich, einsetzt, konnte wieder in die Offensive gehen und die ersten Städte von den Aramäern zurückerobern. Wirklich durchschlagende Erfolge gelangen aber erst seinen Nachfolgern Adad-nirari II. (912–891) und Tukulti-Ninurta II. (890–884). Sie stellten in Nordmesopotamien entweder die direkte Herrschaft her oder setzten zumindest die Anerkennung der assyrischen Oberhoheit durch. Die ganze Zeit über und noch beträchtlich darüber hinaus bis an das Ende Assyriens im 7. Jahrhundert vermochten die aramäische Schrift und Sprache aber die assyrische Kultur wesentlich zu beeinflussen;

man spricht sogar von einer Aramäisierung des Neuassyrischen Reiches.

Unter Assurnasirpal II. (883–859) und Salmanassar III. (858–824) wurde Assyrien zur ‚Weltmacht' des Vorderen Orients: Das Reich erstreckte sich von Kilikien bis zum Zagrosgebirge, vom Urmiasee bis nach Syrien. Erst einer Allianz aus Aramäern, Phönikern, Israeliten, Ägyptern und Arabern gelang es 853, den Vormarsch in Syrien vorläufig zu stoppen. Salmanassar intervenierte auch in Babylonien, allerdings noch ohne das Ziel einer dauernden Herrschaftsetablierung. Die bedeutendste innenpolitische Maßnahme dieser Zeit war Assurnasirpals Verlegung der Hauptstadt von Assur nach Nimrud (Kalach). Die neue Macht des Reiches fand ihren Ausdruck in einer gewaltigen, fast 2,5 Hektar großen Palastanlage, die mit ihren Reliefs einen Höhepunkt assyrischer Kunst bildet. Die Quellen sprechen von einer Einweihungsfeier mit fast 70000 Gästen, die zehn Tage lang dauerte. Assur blieb aber bis zum Ende des Reiches religiöser Mittelpunkt und teilweise auch Begräbnisstätte der Herrscher.

Auf die Periode äußerster Machtentfaltung folgte, wie so oft in der altorientalischen Geschichte, eine Phase des Verfalls. Schon in den letzten Jahren Salmanassars III. kam es zu einem großen Aufstand, deutlich sichtbar wurde die Krise dann unter seinen Nachfolgern, die zunächst mit dem Wahren des Besitzstandes, dann mit der Rettung des Reiches zu tun hatten. Einige Hofbeamte und einflußreiche Statthalter konnten fast unabhängig von der Zentralregierung agieren; ihnen war es aber auch zu danken, daß ein vollständiger Zusammenbruch vermieden werden konnte. In diese Periode fällt das Leben der Sammuramat, einer aramäischen Prinzessin aus Babylon, die während der Minderjährigkeit ihres Sohnes Adad-niraris III. (811–781) beträchtlichen Einfluß auf die Politik ausübte. Sie ist das historische Vorbild für die Semiramis der Griechen, die nach der Legende die Frau Nebukadnezars II. von Babylon war – der allerdings erst 200 Jahre später lebte – und mit den berühmten Hängenden Gärten in Verbindung gebracht wurde.

Die größte Gefahr ging von dem neuen Staat der Urartäer aus, der sich im 9. Jahrhundert im Gebiet um den Vansee zwischen Assyrien und dem Kaukasus gebildet hatte. Die Urartäer – ihr Name hat sich im Berg Ararat erhalten – setzten sich aus mehreren Bergstämmen zusammen, die sich einer dem Hurritischen verwandten Sprache bedienten. Sie konnten für sich genommen den Assyrern nicht gefährlich werden, im Bunde mit den Kleinstaaten Nordsyriens stellten sie aber eine beträchtliche Bedrohung dar. Bis zum Ende seiner staatlichen Existenz im 7. Jahrhundert war Urartu ein ständiger Unruheherd an der Nordgrenze Assyriens.

Tiglatpilesar III. (745–727) meisterte die Krise durch einen entscheidenden Sieg über die Urartäer. Er führte die assyrische Armee wieder bis ans Mittelmeer und zwang die Staaten Phönikiens und Palästinas, darunter die Königreiche Israel und Juda, seine Oberherrschaft anzuerkennen. Zum erstenmal gelang es den Assyrern, auch im immer noch von aramäischen Kleinstaaten geprägten Babylonien dauerhaft Fuß zu fassen. Tiglatpilesar war in Personalunion König von Assyrien und von Babylon. Dieser Verzicht auf die unmittelbare Einverleibung Babyloniens in das Reich kann nicht überraschen, denn Babylon wurde von den Assyrern stets als gleichrangig anerkannt, was vor allem auf den dauernden Einfluß der überlegenen südlichen Kultur und Sprache zurückzuführen ist. Die assyrischen Herrscher nahmen ihre Aufgaben als Könige Babylons ernst, sie kümmerten sich um die babylonischen Kulte und erkannten Marduk als babylonischen Hauptgott an. So konnten Teile der Bevölkerung für die assyrische Herrschaft gewonnen werden. Dennoch gab es stets feindlich gesonnene Kreise, vor allem bei den Aramäern und den Chaldäern. Einige Nachfolger Tiglatpilesars versuchten, dieses Widerstandes Herr zu werden, indem sie nicht in eigener Person über Babylonien herrschten, sondern engen Familienangehörigen das Königtum überließen. Diese nachdrückliche Betonung der babylonischen Autonomie vermochte der Unzufriedenheit mit der Fremdherrschaft aber auf Dauer nicht abzuhelfen. Da die Feinde Assyriens fast immer mit elamischer Hilfe rechnen konnten, mußten die Könige stets auf Aufstände im Süden gefaßt sein.

Die Grundlagen der assyrischen Herrschaft

Die Anerkennung der babylonischen Eigenständigkeit ist zwar das bedeutendste Beispiel für die assyrische Rücksicht auf Bedürfnisse der eroberten Völker, aber durchaus nicht das einzige. Vor allem in den Grenzgebieten wurden lokale Traditionen oftmals respektiert, man gab sich mit einer bloßen Oberhoheit zufrieden, oder ein assyrischer Beamter nahm einfach die Stelle des einheimischen Fürsten ein. So befanden sich die phönikischen Küstenstädte, etwa Tyros oder Sidon, im Besitz einer weitgehenden Autonomie, freilich nicht zuletzt deshalb, weil die Assyrer, die selbst keine Flotte besaßen, auf deren Schiffe und das seemännische Können von deren Einwohnern angewiesen waren.

Das unmittelbar von Assyrien beherrschte Gebiet war in Provinzen eingeteilt, die Tiglatpilesar nach den früheren, für die Reichsregierung nicht immer positiven Erfahrungen mit weitgehend selbständigen Statthalterschaften wesentlich verkleinern ließ. Die Verwaltung baute offenbar, abgesehen von einer noch stärkeren Hierarchisierung, weitgehend auf der mittelassyrischen auf. Zunehmend finden wir auch Nichtassyrer in führenden Positionen, was bei der immer weiteren Ausdehnung des Reiches nicht verwundert. Leider fehlen auch für die neuassyrische Periode die Quellen, die einen genauen Einblick in das Funktionieren des Staatsapparates erlauben könnten.

Die zentrale Basis der assyrischen Macht war die Armee. Sie war ursprünglich, von Eliteeinheiten abgesehen, ein Volksheer, das jeweils für einen Feldzug ausgehoben und über den Winter wieder entlassen wurde; für dauerhafte Okkupation eroberten Gebietes war sie also denkbar ungeeignet. Tiglatpilesar III. schuf daher, aufbauend auf der königlichen Leibwache und beträchtlichen Söldnerkontingenten, ein stehendes Heer, das bei Bedarf durch zusätzliche Aushebungen aufgestockt wurde; es gab eine staatliche Dienstpflicht für die Reichsbevölkerung. Die Schlagkraft der assyrischen Armee beruhte anscheinend weniger auf der Zahl ihrer Soldaten als auf der Qualität ihrer Bewaffnung und der differenzierten Gliederung des Heereskörpers nach den jeweiligen Aufgaben. So existierten etwa Kameleinheiten und ein eigener Nachrichtendienst. Die entscheidende Waffe war nunmehr die Reiterei, während der für die Heere des Alten Orients typische Streitwagen mehr und mehr in den Hintergrund trat.

Assyrien erscheint in den Quellen und in manchen modernen Darstellungen als ein antiker Hort des Militarismus. Die Wandreliefs in den Königspalästen zeigen, wie die Assyrer mit ihren überlebenden Feinden verfuhren: Viele wurden gemartert und geschunden, geköpft, verbrannt oder auf Stangen gespießt, andere wurden deportiert. Dazu kommen noch Siegesinschriften und Herrscherannalen mit entsprechenden drastischen Formulierungen. Freilich unterschieden sich die Assyrer in ihrer Grausamkeit im Grunde nur wenig von anderen Völkern des Alten Orients – und auch von vielen Völkern anderer Zeiten. Ihr übler Leumund in der Gegenwart beruht im wesentlichen darauf, daß sie ihre Feldzüge akribisch in Wort und Bild protokollierten. Potentiellen Gegnern sollte von Anfang an deutlich gemacht werden, was es bedeutete, dem assyrischen König entgegenzutreten, und wie sinnlos der Widerstand gegen den gerechten Zorn des Gottes Assur war.

Andererseits ist nicht zu übersehen, daß die Geschichte des Neuassyrischen Reiches von einem dauernden Eroberungsstreben gekennzeichnet ist, wie wir es in diesem Maße in Mesopotamien sonst nicht finden. Die Ursache hierfür liegt vielleicht in der ungeschützten Lage des assyrischen Kerngebietes um Assur und Ninive, das keine hemmenden natürlichen Grenzen besaß. Das daraus resultierende Sicherheitsbedürfnis artete im 1. Jahrtausend, verstärkt durch die Erfahrung des zweimaligen Zusammenbruchs, in einen aggressiven Expansionismus aus.

Auch ökonomische Gründe sind dafür nicht von der Hand zu weisen: Die Deportationen dienten zwar der militärischen

Sicherung okkupierten Territoriums, aber eben auch der Kolonisierung dünn besiedelter Gegenden und der Verschleppung von fähigen Arbeitern in die Kernregionen des Reiches. Tribut und Beute rechtfertigten nicht nur die Eroberungszüge, sondern garantierten auch den Unterhalt des kostenintensiven stehenden Heeres. Daher wurde, um den regelmäßigen Zustrom materiellen Gewinns zu sichern, ein immer weiteres Ausgreifen eben dieser Armee notwendig. Auch für das Prestige der Herrscher war ein dauerndes militärisches Engagement unabdingbar. Denn neben gewissenhafter Erfüllung der kultischen Pflichten garantierten nur kriegerische Taten Stellung und Nachruhm eines Königs. Das geringste Zeichen von Schwäche konnte sofort zu innerer Unzufriedenheit oder zu einem allgemeinen Abfall der unterjochten Völker führen. Das dauernde Vorschieben der Grenzen war daher eine Art Lebenselixier des assyrischen Staates.

Höhepunkt und Untergang

Bald nach dem Tode Tiglatpilesars 727 begründete der Usurpator Sargon II. (722–705) eine neue Dynastie. Mit seinem Thronnamen knüpfte er bewußt an das legendäre Reich Sargons von Akkad an. Das Assyrische Reich trat nun in seine letzte und zugleich machtvollste Phase, über die uns die Quellen relativ gut unterrichten. Sargon konnte Aufstände zu Beginn seiner Herrschaft niederschlagen und die Grenzen des Reiches weiter vorschieben. Er kämpfte erfolgreich im Iranischen Hochland und gegen die Urartäer, im Westen erreichte er sogar kurzzeitig die Oberhoheit über Zypern. Einer chaldäisch-elamischen Koalition in Babylonien konnte er nach mehreren Jahren Herr werden und sich wie Tiglatpilesar als König von Babylon etablieren. Sargons Aufmerksamkeit galt aber anscheinend mehr den Ereignissen im Norden und Nordwesten; dies legt zumindest die Verlegung der Hauptstadt in das nördliche Chorsabad nahe. Gleichzeitig demonstrierte der Usurpator mit dieser neuen Residenz namens Dur Scharrukin („Festung des Sargon") seine königliche Souveränität. Sie traf aber das gleiche Schicksal wie die neue Hauptstadt Tukulti-Ninurtas I.: Sein Sohn und Nachfolger Sanherib (705–681) gab die Kapitale wieder auf.

Dieser kehrte aber nicht nach Nimrud zurück, sondern begründete seinerseits eine neue Residenz in Ninive. An der Gründung nahm der König selbst maßgeblich Anteil. Er errichtete einen prächtigen Palast, sorgte für den Bau von Kanälen und Aquädukten und kümmerte sich um Details der Architektur und Bepflanzung. Einige Reliefs aus dieser Zeit zeigen die intensive Bautätigkeit in Ninive. Auch in militärtechnischer Hinsicht zeigte sich Sanherib innovativ: Er ließ Kriegsschiffe auf Rollen vom Tigris zum Euphrat befördern.

Sein politisches Wirken weist demgegenüber starke Schattenseiten auf. Sanherib konnte Aufstände in Syrien und Palästina zunächst niederschlagen, gegen Ende seiner Regierung aber scheiterte ein assyrisches Heer beim Zug gegen Jerusalem. In Babylonien waren erhebliche Rückschläge zu verzeichnen, die den König offenbar so erbitterten, daß er 689 in maßloser Grausamkeit Babylon dem Erdboden gleichmachte und fast alle Einwohner töten ließ. Selbst das Erdreich wurde in den Euphrat geworfen. Die Statue des Marduk wurde nach Assyrien verschleppt; diese offene Mißachtung des Gottes führte zu Unzufriedenheit in der assyrischen Bevölkerung, bei der Marduk in jener Zeit kaum weniger angesehen war als in Babylonien. Das und die Proklamation seines jüngsten Sohnes Asarhaddon zum Thronfolger – unter Einfluß seiner Frau Nakija – wurden ihm zum Verhängnis: Es bildete sich eine Fronde, der Sanherib schließlich zum Opfer fiel.

Trotzdem konnte sich Asarhaddon (681–669) gegen seine Brüder durchsetzen. Mit dem Wiederaufbau Babylons und der Erneuerung des zerstörten Mardukheiligtums schlug er gegenüber Babylonien einen versöhnlichen Kurs ein. Unter dem zögerlichen und kränkelnden Herrscher gewannen Astrologen und Eingeweideschauer großen Einfluß; wichtige Staatsangelegenheiten wurden dem Sonnengott Schamasch zur Entscheidung vorgelegt. Glücklicherweise verfügte der Gott offenbar über einiges politisches Verständnis, denn unter Asarhaddon erreichte Assyrien einen neuen Höhepunkt. Wieder einmal wurde die Oberherrschaft über Zypern und das von Ägypten unterstützte, stets unsichere Syrien durchgesetzt, 671 gelang dann sogar eine Invasion in Ägypten selbst. Unterägypten wurde besetzt, der Pharao mußte nach Süden ausweichen. Assyrien war nun nicht mehr nur einer der bestimmenden Staaten der damaligen Welt, sondern *die* Macht Vorderasiens schlechthin.

Einige dunklere Töne sind im strahlenden Bild der assyrischen Herrlichkeit aber nicht zu übersehen. Unter Asarhaddon machten sich mehr und mehr von Norden und Osten her andrängende neue Völkerschaften bemerkbar. Neben den Skythen und Kimmeriern waren es vor allem die indoiranischen Meder, die den Assyrern Sorgen bereiteten. Die Meder hatten sich im Gebiet um den Urmiasee im Iranischen Hochland angesiedelt; im 9. Jh. wurden sie erstmals inschriftlich erwähnt. Ihre Zersplitterung in einzelne Stämme verhinderte aber zunächst eine für Assyrien bedrohliche Reichsbildung.

Asarhaddons designierter Nachfolger Assurbanipal (669–627) war wie einst sein Vater nicht der Erstgeborene. Nach dem Tod des Herrschers gelang es aber der hochangesehenen Königinmutter Nakija, den unvermeidlich scheinenden Bürgerkrieg abzuwenden und die Thronfolge ihres Enkelsohns durchzusetzen; der älteste Sohn Schamasch-schum-ukin mußte sich mit dem babylonischen Königtum abfinden. Assurbanipal hatte zunächst mit heftigem Widerstand in Ägypten zu kämpfen. Mit der Einnahme des ägyptischen Theben erreichte Assyrien seine größte Ausdehnung. Der Erfolg blieb aber äußerlich: Schon 655 schüttelte Ägypten das assyrische Joch wieder ab, ohne daß wir von irgendeiner Reaktion Assurbanipals wüßten. Er war vollauf durch Kämpfe in Babylonien in Anspruch genommen. Wieder erhoben sich dort die Feinde Assyriens, Chaldäer und Aramäer, unterstützt von den Elamern und arabischen Stämmen. Dazu kam noch eine Revolte seines unzufriedenen Bruders. Es gelang Assurbanipal, aller Widerstände Herr zu werden; Schamasch-schum-ukin starb in den Flammen seines Palastes, und Elam wurde assyrischer Vasallenstaat. Zu dieser Zeit traten auch die indoiranischen Perser, die in der Region östlich von Elam siedelten, in direkte Beziehungen zu Assyrien: Ihr König Kyros I. wurde tributpflichtig und schickte seinen Sohn an den Hof in Ninive.

Assurbanipal zeigte in dieser Krisenzeit sein politisches Können, auch wenn er die Durchführung der Feldzüge zumeist seinen Generälen überließ und sich darauf beschränkte, die Aktionen von der Hauptstadt aus zu lenken. Die griechischen Quellen zeichnen ihn als einen dekadenten und wollüstigen Schwächling, angesichts dessen Charakters der baldige Untergang Assyriens nicht verwunderlich war. Es braucht nicht eigens betont zu werden, daß dieses Bild dem historischen Assurbanipal in keiner Weise gerecht wird. Der König war umfassend gebildet und nahm persönlichen Anteil an den wissenschaftlichen Diskussionen seiner Zeit. Hier trug zweifellos die Erziehung zum Schriftgelehrten und Priester ihre Früchte; Assurbanipal war ja ursprünglich nicht als Thronfolger vorgesehen. Der beste Beweis ist seine riesige Bibliothek, deren im 19. Jahrhundert n. Chr. aufgefundene Reste eine unserer Hauptquellen für mesopotamische Geschichte und Kultur sind. Der König sammelte nicht nur Literatur, sondern setzte sich auch intensiv mit ihrem Inhalt auseinander, wie erhaltene Briefe und Selbstzeugnisse zeigen. Auf Wandreliefs können wir sehen, daß er sogar auf der Jagd Schreibgriffel in seinem Gürtel trug.

Vom Tod Assurbanipals 627 sind es nur 18 Jahre bis zum Ende Assyriens. Wir wissen über den Fall des Reiches ungleich besser Bescheid als über den Untergang früherer altorientalischer Staaten. Trotzdem ist die Frage nach den Ursachen nicht völlig befriedigend zu beantworten. Assurbanipal hatte mit zahlreichen Aufständen zu kämpfen und mußte empfindliche Rückschläge hinnehmen, doch es wäre übertrieben, hier schon Auflösungstendenzen am Werk sehen zu wollen. Alle Herrscher des Vorderen Orients mußten Revolten unterdrükken, und gerade Assyrien hatte schon mehr als eine Schwächeperiode überstanden. Es ist wohl eher so, daß das Reich seine Kräfte überdehnt hatte und – wie es öfter in der Geschichte zu beobachten ist – der Höhepunkt schon den Keim des Untergangs in sich trug. Die wirtschaftliche Basis war offenbar stark zusammengeschmolzen. Die im Alten Reich so bedeutsamen assyrischen Kaufleute hatten keinen wesentlichen Anteil mehr an den Handelsunternehmungen dieser Zeit. Der Wohlstand des relativ armen Assyrien hing ganz vom Funktionieren der Militärmaschinerie ab. Die Tribute und Steuereinnahmen gingen aber zurück. Nach der größtmöglichen Ausweitung des Machtbereichs führten dauernde Kämpfe auf dem immer gleichen Territorium wie in Babylonien dazu, daß keine beträchtliche Beute aus dem geschundenen Land herauszuholen war. Wir hören von Untertanen, die angesichts des assyrischen Steuerdrucks außer Landes gingen. Gleichzeitig wurde der steuerbefreite Großgrundbesitz der Aristokratie ausgeweitet. Es sei aber nochmals betont, daß die Quellenlage zu undurchsichtig ist, als daß man endgültige Schlüsse ziehen könnte.

626 etablierte sich der Chaldäer Nabopolassar als König in Babylon. Mit ihm beginnt das Spätbabylonische oder Chaldäische Reich. Mehrere Regierungswechsel in Assyrien verhinderten einen entscheidenden Gegenschlag, doch die Armee war noch intakt, und jedes Jahr stießen die Assyrer nach Babylonien vor. Im Laufe der Zeit wendete sich aber das Blatt – eine Überlieferungslücke erlaubt uns leider keinen tieferen Einblick –, und seit 616 finden wir die Babylonier in Assyrien. Gleichzeitig wurden die Assyrer immer mehr von den inzwischen unter einer Herrschaft vereinigten Medern bedrängt. Die Katastrophe war nicht mehr zu verhindern. 614 nahm der Mederkönig Kyaxares Assur, zwei Jahre später erlag Ninive nach dreimonatiger Belagerung einer medisch-babylonischen Allianz. Ägypten unterstützte Assyrien aus Sorge um das Gleichgewicht der Mächte, aber im Jahre 609 wurde das letzte assyrische Heer von den Babyloniern aufgerieben; über das Schicksal König Assur-uballits II. schweigen die Quellen. Die gründliche Zerstörung der Hauptstädte zeigt, welcher Haß sich bei den Feinden Assyriens aufgestaut hatte. Die Bibel hatte Ninive den Untergang und die Verachtung aller Völker

prophezeit.[3] Es kam noch schlimmer: Schon Xenophon wußte nur 200 Jahre später nichts mehr von den Assyrern und ihren Städten, als er die griechischen Söldner, die vergeblich in einen persischen Bürgerkrieg eingegriffen hatten, an den Ruinen Ninives und Nimruds vorbei nach Hause führte. Allein der modernen Forschung ist es zu danken, daß Assyrien dem Vergessen entrissen wurde.

Das Reich der Chaldäer

Die Sieger teilten die Beute unter sich. Die Meder besetzten das assyrische Kerngebiet bis zum Mittellauf des Tigris und drangen im Norden bis Harran vor, den Babyloniern fiel das übrige Mesopotamien zu. Sie beanspruchten aber auch alle Gebiete westlich des Euphrat, also Syrien und Palästina. Damit trat genau das ein, was die Pharaonen mit ihrer Unterstützung Assyriens hatten verhindern wollen: Das Spätbabylonische Reich betrachtete sich weniger als Nachfolger des kassitischen Babylon denn als Erbe des assyrischen Imperiums und war somit der natürliche Gegner Ägyptens an der Mittelmeerküste. Tatsächlich gelang es dem babylonischen Kronprinzen Nebukadnezar, 605 die Ägypter zu schlagen und sie als Machtfaktor in Syrien auszuschalten.

Unter der Herrschaft Nebukadnezars (605–562) erreichte das Chaldäerreich seinen Höhepunkt. Es gab zwar Aufstände und Kämpfe in den Grenzregionen Kilikiens und des Mittelmeergebietes, doch das Reich und das Königtum Nebukadnezars waren nie ernstlich bedroht. 597 wurde das aufständische Jerusalem von den Babyloniern geplündert, zehn Jahre später wurde es nach einer erneuten Erhebung völlig zerstört, der Tempel eingeäschert und der Vasallenstaat Juda aufgehoben. Ein Großteil der Bevölkerung wurde nach Babylonien deportiert. Von hier datiert die berühmte Babylonische Gefangenschaft der Israeliten.

Das südliche Mesopotamien aber erlebte nach Jahrzehnten und Jahrhunderten des antiassyrischen Widerstandes eine Periode relativer Ruhe und Prosperität. Es waren gerade die in ihrer Bewegungsfreiheit innerhalb Babyloniens relativ unbehinderten Deportierten, neben den Israeliten Assyrer, Ägypter, Syrer und Iraner, die zur wirtschaftlichen Blüte dieser Zeit beitrugen. Die Vielzahl der in Babylon versammelten Völkerschaften machte die Stadt zur Metropole, die durch ihre Charakterisierung im Alten Testament zum sprichwörtlichen Ort von Laster, Sünde und Sprachverwirrung geworden ist. Die Einwohnerzahl ist nicht leicht zu schätzen, aber sie dürfte gut eine Million betragen haben; ähnliches gilt für Ninive in seiner Glanzzeit.

Die nach Babylon strömenden Tribute und Steuern ermöglichten Nebukadnezar eine umfangreiche Bautätigkeit, die das Stadtbild von Grund auf erneuerte. Die meisten Tempel wurden neu erbaut oder zumindest restauriert, ein gewaltiger Herrscherpalast entstand, von dessen Pracht die in Berlin befindliche, restaurierte Thronsaalfassade mit schönen Glasurgemälden und Reliefs eindrucksvoll Zeugnis ablegt. Die schon in der Antike gerühmte doppelte Stadtmauer hatte eine Länge von etwa 9 Kilometern. Die berühmtesten Bauwerke sind das Ischtartor, eines von acht Stadttoren, und die 90 Meter hohe Zikkurat mit dem Tempel des Marduk, der biblische ‚Turm zu Babel' (Abb. 7 auf S. 89).

Nach einigen nur kurz regierenden Königen kam 555 Nabonid, der Sohn einer Priesterin des Mondgottes Sin aus Harran, als Usurpator an die Macht. Er versuchte daher, die Legitimität seiner Herrschaft besonders herauszustreichen, aber die bewußte Anknüpfung an das assyrische Erbe zog nicht nur die letzte Konsequenz aus der Übernahme der machtpolitischen Stellung der Assyrer im Vorderen Orient, sondern brachte ihm auch die Feindschaft weiter Kreise der Bevölkerung ein. Insbesondere die Bevorzugung des Sin von Harran – zweifellos unter dem Einfluß seiner Mutter Adad-guppi – wiegelte die Priesterschaft gegen ihn auf, die mit dem in Babylon fremden Mondgott nichts anzufangen wußte. Es kam sogar so weit, daß der König seinem Sohn Belsazar die Geschäfte in Babylon überließ und sich zehn Jahre lang in verschiedenen Oasenstädten Nordarabiens aufhielt. Ursache dieses selbstgewählten Exils waren sicherlich nicht nur die religiös-politischen Streitigkeiten, sondern auch der Wunsch, ein Auge auf das potentiell gefährliche Ägypten zu haben und Einfluß auf die Araber zu gewinnen. Über weitere Gründe kann man aber nur spekulieren: Wir wissen zu wenig über die Persönlichkeit des letzten babylonischen Königs.

Man hat auch angenommen, daß Nabonid sich nach Arabien zurückzog, um hier eine Defensivstellung gegen die immer mächtiger werdenden Perser zu schaffen. Dafür fehlt jeder Beweis, und selbst wenn es so gewesen sein sollte, blieben die Anstrengungen ohne Erfolg, denn anders als Assyrien ging Babylon fast ohne jeden Widerstand in den Untergang. Der Perserkönig Kyros II. der Große (559–530), der bedeutendste Vertreter der achämenidischen Dynastie, hatte 549 die Herrschaft über das Mederreich an sich gebracht und wenig später auch das westkleinasiatische Lydien des Kroisos unterworfen. 539 wandte er sich dann gegen Mesopotamien und zog am 29. Oktober des Jahres ohne Gewaltanwendung in Babylon ein. Niemand rührte eine Hand für den unbeliebten Nabonid, der entweder getötet oder ins Exil geschickt wurde. Kyros wurde begeistert begrüßt und sofort als rechtmäßiger Herrscher akzeptiert.

5. Nachspiel: Von den Persern bis zum Sieg des Islam

Perser

Einige Wissenschaftler lassen die Geschichte des Alten Orients mit Kyros' Einzug in Babylon enden. Für das Zweistromland ist der Einschnitt noch tiefer als für andere Regionen: Mit Nabonid endete das Zeitalter, in dem die Geschicke Vorderasiens ganz wesentlich von Babylonien und Assyrien aus bestimmt wurden. Die Entscheidungen fielen von nun an anderenorts und bei anderen Völkern. Erst in der Moderne sollte Mesopotamien in der Gestalt des Irak wieder zu einer eigenstaatlichen Existenz finden. Trotzdem soll die weitere Geschichte bis zum Ausgang der Antike hier kurz skizziert werden.

Kyros erfüllte die Erwartungen der jubelnden Menge. Er nahm den Titel eines Königs von Babylon an und ließ somit zumindest den Schein bestehen, daß das Reich Nebukadnezars fortbestehe und nur in Personalunion mit dem Perserreich verbunden sei. Die neue babylonische Provinz entsprach genau dem Umfang des Chaldäerreiches. Auch die einheimischen Verwaltungsstrukturen wurden weitgehend übernommen, das Personal blieb das gleiche. Nur Statthalter und Garnison zeugten in Babylon von der persischen Herrschaft. Kyros beging nicht den Fehler Nabonids, religiöse Neuerungen einzuführen. Im Gegenteil, er kümmerte sich intensiv um Sakralbauten und gewann Priester und Gläubige für sich. Auch die Israeliten profitierten von der religiösen Toleranz der Achämeniden: Ihnen stand es frei, nach Hause zurückzukehren und den Tempel in Jerusalem wieder aufzubauen. Ein Teil blieb freilich in Babylonien, das nach 50 Jahren des Exils für viele wohl zu einer neuen Heimat geworden war. Möglicherweise erlaubte Kyros aber auch nur bestimmten Personen die Rückkehr.

Als Kyros seinen Sohn Kambyses mittels des Titels eines Königs von Babylon zu seinem Nachfolger designierte, machte er vor aller Welt deutlich, welche Bedeutung er dem Zweistromland beimaß. Der Unabhängigkeitswille der Babylonier, der den Assyrern so zu schaffen gemacht hatte, konnte von den ersten Perserkönigen aber nur vorübergehend beschwichtigt werden. Während der Thronwirren, die dem Tod des Kambyses 522 folgten, erhoben sich in Babylon zweimal Usurpatoren, die sich Nebukadnezar nannten. Der neue Großkönig Dareios I. (522–486) konnte sie aber schnell besiegen und zeigte trotz einiger Zerstörungen im Gefolge der Kämpfe Milde gegenüber den Besiegten.

Es ist freilich nicht zu übersehen, daß die persische Herrschaft allmählich immer deutlicher spürbar wurde. Dies hat nichts mit gegen Babylonien gerichteten Maßnahmen zu tun, sondern entsprang einer zunehmenden Konsolidierung und Vereinheitlichung des Reiches unter Dareios. Neue Steuern wurden erhoben, die Verwaltung wurde gestrafft, auch in mittleren und niederen Positionen finden wir nun mehr und mehr Iraner. Durch eine Neugliederung des Reiches wurde das bis jetzt noch in der Provinzeinteilung weiterlebende Reich Nebukadnezars endgültig zerschlagen. Mesopotamien bestand nun aus den Satrapien Babylonien und Assyrien.

Die unter Dareios angelegten Tendenzen verschärften sich unter seinem Sohn Xerxes I. (486–465/64), der uns vor allem durch die gescheiterte Invasion Griechenlands 480/479 bekannt ist. Zu Anfang seiner Regierung hatte er wie sein Vater mit babylonischen Erhebungen zu kämpfen; diesmal wurden sie aber wesentlich härter unterdrückt. Nach den griechischen Schriftstellern handelte es sich um ein wahres Strafgericht, Babylon wurde geplündert, die Mauern geschleift, die Zikkurat stark zerstört, die Statue des Marduk eingeschmolzen und das babylonische Königtum abgeschafft. In Wirklichkeit scheint Xerxes, nach den dem Ereignis näherstehenden altorientalischen Quellen zu urteilen, milder vorgegangen zu sein. Sicherlich kam es zu Zerstörungen, aber der Mardukkult lebte ungebrochen weiter und der Titel eines Königs von Babylon kam nur allmählich außer Gebrauch.

Allerdings spielte Babylonien de facto keine politische Rolle mehr. Es war eine Satrapie unter vielen und erfuhr keine besondere Rücksichtnahme. Von Babylon als einer mit Susa, Ekbatana oder Persepolis gleichberechtigten Hauptstadt konnte keine Rede sein. Die Dynamik der Anfangsjahre des Reiches schwand, und die allmähliche Erstarrung der Herrschaftsstrukturen machte den Spielraum enger, ohne daß man von einem mit Xerxes beginnenden Verfall der Perserherrschaft sprechen könnte; die Babylonier spürten deutlicher, daß die Perser das führende Volk waren und nicht sie.

Es war aber keine wirklich drückende Herrschaft. Die Könige und ihre Verwandten nahmen häufig Aufenthalt in Babylon, und die Stadt war immer noch eine Weltmetropole. Dies ist das Babylon, das uns der von Vergangenheit und Kultur der Stadt tief beeindruckte Herodot in seinen Historien beschreibt. Die Region, die noch nie eine so lange Friedenszeit erlebt hatte, profitierte auch ökonomisch von der Einheit des Orients unter der Perserherrschaft. Die wirtschaftliche Basis wurde trotz Preissteigerung und zunehmenden Steuerdrucks nicht geringer; in der Mitte des 4. Jahrhunderts war sogar ein gewisser Aufschwung zu verzeichnen. In kultureller Hinsicht bereitete sich eine neue Epoche vor. Das Akkadische war von den Persern zwar neben dem Elamischen und Persischen als Reichssprache übernommen worden, aber im Alltag wurde es allmählich durch das Aramäische ersetzt: Die Keilschrifttexte wurden deutlich weniger. Trotz einer Weiterführung der wissenschaftlichen Traditionen beschränkte sich der Kreis derer, die das alte Erbe bewahrten, mehr und mehr auf eine kulturelle und soziale Elite.

Über das Schicksal des nördlichen Mesopotamien wissen wir wenig. Es litt vielleicht immer noch unter den Nachwirkungen der schweren Zerstörungen und Verluste am Ende des Assyrerreiches. In Assur gab es zwar wieder eine Siedlung, aber die meisten Städte lagen in Trümmern und das Land war wenig bevölkert; anders als Babylonien war Assyrien nur eine Satrapie zweiten Ranges.

Makedonen und Griechen

Die Unzufriedenheit mit der persischen Herrschaft muß in der zweiten Hälfte des 4. Jahrhunderts ziemlich allgemein gewesen sein, ohne daß wir genau sagen könnten, warum und in welchem Umfang. Jedenfalls wurde Alexander der Große (336–323), nachdem er die Perser bei Issos und Gaugamela entscheidend geschlagen hatte, im November 331 von den Babyloniern begeistert empfangen, ähnlich wie 200 Jahre zuvor Kyros. Es ist völlig ungewiß, welche Rolle dem Zweistromland in Alexanders Weltreich zugedacht war. Wir wissen von Alexanders Interesse am mesopotamischen Kanalnetz, und die letzten Monate seines Lebens hat er in Babylon verbracht und ist dort gestorben. Er hat auch umfassende Baumaßnahmen begonnen oder zumindest geplant, so vor allem die Wiederherstellung der seit Xerxes halbzerstörten Zikkurat. Das alles bedeutet aber noch keineswegs, daß Babylon die Hauptstadt des Alexanderreiches werden sollte, wie oft behauptet wird. In den Quellen ist davon jedenfalls nicht die Rede. Ebensowenig kann man sagen, ob die von Alexander betriebene Einbindung der Einheimischen in die neuen Herrschaftsstrukturen sich nur auf die Perser beschränkte oder die übrigen Reichsvölker miteinschloß. Sollte er tatsächlich Pläne zur Gleichstellung der semitischen Mesopotamier mit den Makedonen verfolgt haben, so setzte sein früher Tod ihnen ein Ende; von seinen Nachfolgern wurden sie nicht mehr aufgegriffen.

In den Kämpfen der Diadochen um das Alexanderreich spielten die Orientalen keine aktive Rolle. Es waren Auseinandersetzungen zwischen Makedonen (und Griechen). Im Osten setzte sich Seleukos durch und begründete das nach ihm benannte Reich. Er rechnete seine Regierungsjahre nach der endgültigen Eroberung der Satrapie Babylonien 312, woraus eine eigene Zeitrechnung, die sogenannte Seleukidenära, entstand, die im Vorderen Orient weit über das Ende der Dynastie hinaus in Gebrauch blieb. Bald darauf gründete er unweit von Babylon die Residenz Seleukeia am Tigris. Dies deutet darauf hin, daß Seleukos zunächst Babylonien als Kern seines Reiches ansah; nachdem er aber Nordsyrien und damit Zugang zum Mittelmeer und zur griechischen Welt gewonnen hatte, verlegte er seinen zentralen Wirkungsbereich schnell nach Westen.

Der Vorgang ist symptomatisch für die folgenden 160 Jahre seleukidischer Herrschaft. Die Herrscher bemühten sich zwar, die einheimische Bevölkerung zu gewinnen: Man restaurierte alte Kultbauten und errichtete neue; wir wissen sogar von der Führung des babylonischen Königstitels durch einen Seleukiden. Das alte kulturelle Wissen wurde von den Gelehrten ungebrochen weiter tradiert, die Astronomie nahm beträchtlichen Aufschwung. Der schon in der Perserzeit immer seltener werdende Gebrauch der akkadischen Sprache nahm freilich unter den Seleukiden weiter zugunsten des Aramäischen ab.

Bei der Regierung des Reiches stützten sich die Seleukiden aber ausschließlich auf Makedonen und Griechen. Nur wenigen hellenisierten Orientalen gelang der Aufstieg in die Reichsaristokratie. Die griechische Kultur erreichte ohnehin bloß eine kleine Oberschicht der Einheimischen. Zwar wurden nach dem Vorbild Alexanders zahlreiche Städte in Mesopotamien gegründet – die berühmteste ist das durch Ausgrabungen gut erforschte Dura-Europos am mittleren Euphrat –, aber es waren hellenische Poleis für eingewanderte Griechen und Makedonen, in denen die Einheimischen grundsätzlich kein Bürgerrecht hatten. Trotz einiger Zeugnisse für eine kulturelle Symbiose ist festzustellen, daß Griechen und Orientalen mehr nebeneinander als miteinander lebten. Die Masse der Einheimischen hatte keinen Zugang zu höheren Funktionen, wurde aber sehr wohl zum Militärdienst herangezogen und hatte trotz wirtschaftlicher Stabilität unter der Abgabenlast zu leiden. Es gab keine Aufstände, aber das seleukidische Regiment wurde als Fremdherrschaft empfunden, zu der man keinen inneren Bezug gewann.

Parther und Sasaniden

So überrascht es nicht, daß die einheimischen Solidaritätsbekundungen recht mäßig waren, als das von den Römern zu einer Macht zweiten Ranges degradierte Reich im 2. Jahrhundert immer stärkere Auflösungserscheinungen zeigte. Nutznießer waren die iranischen Parther, die unter dem Haus der Arsakiden längst die seleukidische Oberhoheit abgeschüttelt hatten und 142/41 Mesopotamien eroberten. Es dauerte aber noch ein Dreivierteljahrhundert, bis ihre Herrschaft endgültig etabliert war. Kämpfe in den östlichen Provinzen des Reiches und eine Schwäche des parthischen Königtums erlaubten die Entstehung kleinerer Fürstentümer in Mesopotamien, zeitweise auch das Eingreifen auswärtiger Mächte wie des expansiven Armeniens.

Der gefährlichste Gegner der Parther waren die Römer, die im 1. Jahrhundert Herren des gesamten Mittelmeergebietes wurden. Die mehrmals vertraglich festgelegte Grenze zwischen beiden Reichen bildete der obere Euphrat. Durch die Einrichtung der römischen Provinz *Syria* im Jahre 64 wurde die Jahrtausende alte Verbindung des Zweistromlandes mit Syrien endgültig unterbrochen. Die Versuche des Crassus und des Marcus Antonius, den status quo zu ändern und auch in Mesopotamien Fuß zu fassen, wurden erfolgreich zurückgewiesen. Unter Trajan konnten die Römer bis an den Persischen Golf vordringen, aber sein Nachfolger Hadrian mußte die beiden neuen Provinzen *Assyria* und *Mesopotamia* (115–117 n. Chr.) wieder räumen.

Die parthische Hauptresidenz war das am Tigris gelegene Ktesiphon, freilich gab sich der Hof betont griechenfreundlich. In Städten wie Dura-Europos kam es nun zu einer stärkeren Verschmelzung der verschiedenen Kulturen. Die Orientierung der Parther nach Westen zeigt, daß die Zivilisation des Zweistromlandes ihre Anziehungskraft zu diesem Zeitpunkt bereits größtenteils verloren hatte. Von einer Assimilierung der fremden Eroberer, die so charakteristisch für den mesopotamischen Kulturkreis gewesen war, konnte erst recht keine Rede mehr sein.

In ähnlicher Weise knüpfte das Neupersische Reich der Sasaniden, das im 3. Jahrhundert n. Chr. an die Stelle des Arsakidenstaates trat, an die achämenidischen Traditionen an. Ktesiphon war immer noch Hauptstadt und Mesopotamien das wirtschaftlich bedeutendste Gebiet, aber die ideologischen und kulturellen Wurzeln lagen in Iran. Wir können nicht sagen, wie weit die Traditionen des Zweistromlandes noch fortdauerten und ob sie noch wirklich gelebt wurden oder zu leeren Formen erstarrt waren. Die überkommene Religion gab es noch; der unter den Sasaniden immer stärker werdende monotheistische Zoroastrismus trat den alten Götterkulten nur zur Seite, verdrängte sie aber nicht.

Den Schlußpunkt setzte der Islam, der Mitte des 7. Jahrhunderts n. Chr. Mesopotamien erreichte. Spätestens jetzt begann ein neues Zeitalter. Gleichwohl übernahmen die Araber, teilweise durch griechische und persische Vermittlung, viel von den Errungenschaften des Alten Orients. Damit haben wir die historische Darstellung des Themas aber endgültig verlassen und befinden uns längst in der Geschichte der Rezeption.

IV. Die Strukturen: Soziale, gesellschaftliche und kulturelle Entwicklungen

1. Wirtschaft und Gesellschaft

Wir haben gesehen, daß der Reichtum Mesopotamiens, ja überhaupt das Entstehen der Zivilisation, im Süden von der künstlichen Bewässerung, im Norden vom Regenackerbau herrührte. Bis zum Ende des Alten Orients blieb die Landwirtschaft der bedeutendste Wirtschaftszweig, von dem alle anderen ökonomischen Aktivitäten mehr oder minder abhängig waren. Die wirtschaftliche und die eng mit ihr zusammenhängende gesellschaftliche Gliederung des Zweistromlandes soll daher von der Agrarwirtschaft ausgehend betrachtet werden.

Landwirtschaft

Die wichtigsten Getreidesorten, die die Bewohner Mesopotamiens anbauten, waren Gerste und Weizen. Daneben war vor allem die Dattelpalme von Bedeutung. Auf assyrischen Reliefs sind Soldaten abgebildet, die in Babylonien systematisch die Palmenkulturen zerstören. Im Norden und östlich des Tigris waren Laub- und Nadelbäume verbreitet, für bedeutende Bauvorhaben wie Tempel oder Paläste importierte man allerdings Zedern aus dem Libanon. Feige und Granatapfel waren die wichtigsten Fruchtbäume. Wir wissen noch von vielen anderen Nutzpflanzen, aber nicht immer ist sich die Forschung in der Identifizierung der in den Quellen genannten Pflanzen sicher, und nicht überall vermag die Paläobotanik weiterzuhelfen. In den Viehbeständen dominierten – wie noch im heutigen Irak – Schafe und Ziegen, wir wissen aber auch von Schweinen und Rindern.

Man macht sich ein falsches Bild von der altorientalischen Landwirtschaft, wenn man glaubt, daß mit der Einrichtung und Instandhaltung eines Kanalsystems das Wesentliche bereits getan war. Düngemittel gab es nicht, und jedes zweite Jahr mußte man die Felder brachliegen lassen, um den Boden nicht zu sehr auszulaugen. Darüber hinaus war der landwirtschaftliche Ertrag immer durch drohende Dürre- oder Überschwemmungskatastrophen gefährdet. Trotzdem erwirtschaftete man am Ende des 3. Jahrtausends in besonders fruchtbaren Gegenden das Dreißigfache des eingesetzten Saatgutes, und das waren keine Spitzenwerte, sondern Durchschnittserträge. Später sank die Rate wegen der fortschreitenden Versalzung des Bodens auf das Sechs- bis Zehnfache. Für das Griechenland der klassischen Zeit rechnet man maximal mit dem siebenfachen Ertrag aus einem Korn, und im antiken Italien betrug die Relation nur eins zu vier.

Die Erfahrung der Bauern wirkte sich in einer Optimierung der Anbaumethoden aus. Bei der Bestellung bediente man sich des Saatpflugs, der einen aufgesetzten Trichter hatte, aus dem das Saatgut gleichmäßig in die Ackerfurchen gestreut werden konnte. Diese Technik erforderte sowohl eine sichere Hand des Pflügers als auch ausgezeichnet trainierte Zugochsen. Es handelt sich hier nur um ein einzelnes, relativ gut dokumentiertes Beispiel, das uns aber verstehen hilft, daß die legendäre Fruchtbarkeit Mesopotamiens nicht bloß ein Geschenk der Natur, sondern auch eine der erstaunlichsten Leistungen seiner Einwohner war.

Tempel- und Palastwirtschaft

Die Träger der Herrschaft waren im 3. Jahrtausend zunächst die Priesterfürsten (S. 21). Dies gilt für den wirtschaftlichen Bereich genauso wie für den politischen. Mittelpunkt des staatlich-religiösen Lebens war der Tempel des Stadtgottes. Der Herrscher sorgte als sein Stellvertreter für Ausbau und Sicherung des Kanalnetzes und hatte dadurch auch Verfügung über das Ackerland. In der Forschung spricht man daher von Tempelwirtschaft bzw. – nach der Trennung von geistlicher und weltlicher Macht Mitte des Jahrtausends – von Tempel- und Palastwirtschaft.

Im 3. Jahrtausend war fast die gesamte Bevölkerung in diese Wirtschaftsform integriert. Der Staat war mit dem Haushalt des Herrschers identisch. Daher verwendet man gerne den Begriff der Oikos-Wirtschaft (vom griechischen Wort *oikos* für Haus, Haushalt): In einem Haushalt wird nur das konsumiert, was zuvor auch in ihm produziert worden ist. Dies ist natürlich eine ideale Definition, die in der Praxis kaum umzusetzen ist, aber man bemühte sich im Alten Orient, ihr so genau wie möglich zu entsprechen. Ein vor allem aus Schreibern bestehender Verwaltungsapparat – ohne schriftliche Fixierung kann es keine funktionierende Ökonomie geben – regelte in Vertretung des Herrschers alle Aktivitäten in Landwirtschaft, Gewerbe und Handel. Von dieser Tätigkeit zeugt eine immense, von der Forschung noch längst nicht vollständig gesichtete Zahl von Anweisungen, Abrechnungen, Quittungen, Aufstellungen und dergleichen. Die Administration bestimmte über das ausführende Personal, das sowohl hierarchisch als auch horizontal nach den jeweiligen Aufgaben gegliedert war. Deutlichstes Zeichen für die Abhängigkeit der Dienstpflichtigen war die Entlohnung durch – recht knapp bemessene – Naturalrationen. In dieser Einteilung spiegelte sich, von Herrscher und Hocharistokratie einmal abgesehen, die Gesellschaftsordnung wider. Zur Stabilität des Systems trug auch die Tendenz zur Ämtervererbung innerhalb einer Familie bei. Wir haben davon schon in Zusammenhang mit dem assyrischen Adel gesprochen: Es handelt sich hier um ein für die mesopotamische Sozialstruktur charakteristisches Phänomen.

Die Oikos-Wirtschaft in der oben geschilderten Form bildete sich während der Frühdynastischen Zeit aus, aber schon in der Ur III-Zeit läßt sich eine Aufteilung in verschiedene Spezialhaushalte für Landwirtschaft, Produktion und Verarbeitung, Abgaben und Verwaltung feststellen. Eine Lockerung der Monopolstellung von Palast und Tempel machte sich aber erst während der altbabylonischen Zeit bemerkbar. Unter den Amurritern gab es privates Landeigentum, wenn auch unter strengen Auflagen – Veräußerung des Besitzes war nicht ohne weiteres möglich. Die Dienstpflichtigen wurden nicht mehr mit Naturalien entlohnt, sondern erhielten ein Stück Land. Die wesentlichste Neuerung war aber die Einführung des sogenannten Palastgeschäftes. Dabei wurden Grundbesitz oder verschiedene Aufgaben, die bisher im Bereich der Oikos-Wirtschaft gelegen hatten, an Pächter vergeben, die eine bestimmte Leistung zu erbringen hatten – etwa eine festgesetzte Menge an Silber – und dafür auf eigene Verantwortung tätig werden konnten. Gewinne wie Verluste waren allein ihre Sache. Der Palast bzw. der Tempel entging so ökonomischen Risiken wie etwa Mißernten, mußte dafür aber auf die unmittelbare Kontrolle weiter Bereiche der Wirtschaft verzichten. Über die Gründe dieser Veränderung können wir beim derzeitigen Stand der Kenntnis noch nichts Genaues sagen.

In dieser Form blieb die Palastwirtschaft bis zum Ausgang der altorientalischen Geschichte der bestimmende Faktor des ökonomischen Lebens. Die Stellung des Palastes wurde dabei natürlich immer von der Stärke des Königtums bestimmt. Die Tempelwirtschaft war vor allem in Babylonien von Bedeutung. Es gab regelrechte Tempelstädte wie Uruk oder Larsa, die aber keineswegs autonom waren, sondern stets der Kontrolle des Herrschers unterworfen blieben. Für den König war die Sorge um die Tempel die vornehmste religiöse Aufgabe. In der Spätzeit konnte auch die örtliche Oberschicht bei den Tempelpfründen und bei der Besetzung von Priesterstellen einigen Einfluß ausüben.

In Assyrien besaßen die Tempel nie derartige Wichtigkeit; hier fehlten die Voraussetzungen für die starke Stellung von Priesterfürsten, da wegen der Möglichkeit des Regenackerbaus künstliche Bewässerung gar nicht oder nur in sehr begrenztem Maße erforderlich war. Daher begegnen wir auch schon während des Altassyrischen Reiches ausgedehnten privaten Handelsaktivitäten (S. 36). Die assyrischen Herrscher gründeten ihre wirtschaftliche Stellung auf das Verfügungsrecht über eroberte Territorien und die während langer Phasen der assyrischen Geschichte in reicher Zahl eingehenden Tribute und Steuern.

Aufgrund der unterschiedlichen Entwicklungsvoraussetzungen ist in Assyrien ein stärkerer Privatbesitz an Land feststellbar. Grundlage war zunächst die dörfliche Gemeinschaft. Seit Mitte des 2. Jahrtausends läßt sich aber eine zunehmende Umgestaltung der Eigentumsverhältnisse zugunsten des großgrundbesitzenden Adels erkennen. Viele freie Bauern wurden zu Abhängigen. Vielleicht trug der – steuerbefreite – Domänenbesitz der Führungsschicht sogar zu einer Zerrüttung der wirtschaftlichen Basis des Reiches und damit zum jähen Untergang Assyriens bei (S. 50). Die ökonomische Basis des Adels beruhte auch auf eigenständigen Handelsunternehmungen, die oft Hand in Hand mit der Ausübung staatlicher Machtbefugnisse gingen.

Im Babylonien der Spätzeit bildeten sich offenbar regelrechte Unternehmerdynastien. Anhand zweier Hausarchive aus achämenidischer Zeit kann man verfolgen, wie die jeweiligen Familien durch umfangreiche Darlehens- und Handelsgeschäfte ihr Vermögen mehren konnten. Man spricht in diesem Zusammenhang gern von Banken, aber die Formulierung ist zumindest mißverständlich, da diese Familienfirmen recht wenig mit modernen Geldinstituten zu tun hatten. Die ökonomische Macht schlug sich offenbar auch in politischem Einfluß nieder, zumindest gibt es Anzeichen dafür, daß die spätbabylonischen Könige mit den Ansprüchen selbstbewußter Unternehmer zu kämpfen hatten.

Am unteren Ende der Gesellschaftspyramide befanden sich Kleinbauern, Tagelöhner, Abhängige und Sklaven. Letztere setzten sich aus Kriegsgefangenen, Deportierten oder Personen, die aus Überschuldung ihre Freiheit verloren hatten, zusammen. Freilich spielte die Sklaverei im Alten Orient keine bedeutende Rolle, und es gab nie einen florierenden Sklavenhandel. Nur beim Hochadel und bei reichen Geschäftsleuten findet sich Sklavenbesitz in nennenswertem Umfang. Oft war ihre Position auch mehr die von Bediensteten als von wirklich Unfreien. Man kann in keinem Fall von einer ‚Sklavenhaltergesellschaft‘ sprechen, wie man dies mit etwas mehr Berechtigung für die griechisch-römische Antike getan hat. Die Mittelschicht bildeten Schreiber, Kaufleute und Gewerbetreibende.

Von den beiden letzten Gruppen soll nun die Rede sein. Ihre Tätigkeit läßt sich bis zu einem gewissen Grade isoliert von dem bisher über die Wirtschaftsordnung Gesagten betrachten, aber auch Handel und Gewerbe dienten ganz wesentlich den Bedürfnissen von Palast und Tempel.

Handel

Das Kleinbauerntum des 2. und 1. Jahrtausends war wie ehedem die Oikos-Wirtschaft ganz auf Selbstversorgung ausgerichtet, egal ob das Land Privatbesitz oder vom Palast bzw. Tempel zur Verfügung gestellt war. Wirtschaftlicher Austausch beschränkte sich von vornherein auf einige wenige, zum Lebensunterhalt notwendige Dinge (insbesondere Lebensmittel, Textilien), die der jeweilige Haushalt nicht produzieren konnte. Dieser wurde durch Tauschhandel zwischen Nachbarn und Bekannten oder durch Geschenke bei festlichen Anlässen abgewickelt. Es gab daneben auch die Möglichkeit, bei Straßenhändlern oder direkt bei Fernhändlern einzukaufen, aber eigenartigerweise ist in unseren Quellen niemals von Märkten die Rede.

Der Markt ist eigentlich der Inbegriff der Klischeevorstellung, die sich Europäer vom orientalischen Handel machen. In der Tat ist kaum vorstellbar, daß es die Institution dauernder oder regelmäßig wiederkehrender Märkte nicht gegeben haben sollte. Aus dem bloßen Fehlen des literarischen und archäologischen Nachweises kann man noch keine endgültigen Schlüsse ziehen, aber der Umstand, daß es in unserem für ökonomische Fragen relativ reichen Quellenmaterial nirgends einen Hinweis auf die Einrichtung des Marktes gibt, legt nahe, daß er, wenn es ihn denn gegeben haben sollte, keine allzu große Rolle für das Wirtschaftsleben spielte.

Natürlich gab es Luxusgüter, aber auf diese hatte nur eine begrenzte Oberschicht unmittelbaren Zugriff. Durch Schenkungen an Abhängige gelangten sie freilich auch in weniger privilegierte Kreise. Für den Import solcher Waren war der Fernhandel zuständig. Seine Funktion lag nicht nur darin, das für den täglichen Bedarf Notwendige zu beschaffen, sondern die für den Aufbau einer höheren materiellen Kultur unverzichtbaren Waren in das rohstoffarme Mesopotamien einzuführen. Hauptsächlich wurde mit Bauholz, Gold, Silber, Kupfer, Zinn, Eisen (im 1. Jahrtausend), Edelsteinen und Gewürzen gehandelt.

Mesopotamien stand seit frühester Zeit in regem Austausch mit all seinen Nachbarländern. Die Handelsbeziehungen reichten aber teilweise noch sehr viel weiter. So bestanden Kontakte zu den Hochkulturen des Indusdelta, und aus dem Ostseegebiet wurde Bernstein importiert. In Siebenbürgen fand man Tontafeln mit sumerischen Zeichen. Die Waren wurden gewöhnlich in größeren Karawanen transportiert, zuerst mit Eseln, im 1. Jahrtausend auch mit Kamelen; vornehme Leuten benutzten den zweirädrigen, von Pferden gezogenen Wagen. Ausgebaute Straßen gab es erst im Neuassyrischen Reich. Sie dienten militärischen Zwecken und waren Vorbild für das persische Straßensystem. Daneben gab es noch Seehandel im Persischen Golf, der über das Land Tilmun – die Insel Failaka vor der mesopotamischen Küste und das heutige Bahrain – als Zwischenstation abgewickelt wurde. Natürlich waren Bestehen und Intensität der Handelsbeziehungen ganz den jeweiligen politischen Rahmenbedingungen und den wirtschaftlichen Bedürfnissen unterworfen. Wir haben bereits gesehen, wie die intensiven assyrischen Handelsbeziehungen zu Kleinasien mit dem Ende des Alten Reiches im 17. Jahrhundert plötzlich zusammenbrachen.

Wesentliches Kennzeichen eines jeden Handels sind die benutzten Zahlungsmittel. Am Anfang stand natürlich der einfache Tauschhandel. In Mesopotamien war nach der Erfindung von Maßen und Gewichten vor allem Gerste in abgemessener Menge als Tauscheinheit beliebt. Schon im 3. Jahrtausend setzte sich aber mehr und mehr das Metall durch, besonders Silber. Es wurde abgewogen und in unterschiedlicher Form (zum Beispiel Hacksilber, Barren in Ziegelsteinform) in Umlauf gebracht. In Babylonien waren Schekel, Mine und Talent die üblichen Währungs- oder besser Gewichtseinheiten. Ein Schekel entsprach 8,4 Gramm, eine Mine 500 Gramm und ein Talent 30 Kilogramm. Geprägtes Geld kam erst im 7. Jahrhundert in Lydien auf und fand durch die Achämeniden Eingang in Mesopotamien. Berühmt ist vor allem der Dareikos, die wahrscheinlich nach Dareios I. (522–486) benannte persische Goldmünze; freilich konnte er die zahlreichen anderen Währungseinheiten nicht verdrängen.

Gewerbe

Bedarf an gewerblichen Dienstleistungen kommt in frühen Kulturen erst dann auf, wenn durch die zunehmende Differenzierung des Arbeitsprozesses die Erledigung derartiger Aufgaben aus dem Familienkreis auf Spezialisten übertragen werden muß. In Mesopotamien setzte die Herausbildung einzelner Berufssparten schon in vorgeschichtlicher Zeit ein, und im 3. Jahrtausend finden wir das Spektrum unterschiedlicher Berufszweige voll ausgebildet. Es gab nicht viel anders als heute Köche, Bäcker, Wirte, Schuster und so fort. Vor allem die Handwerker gliederten sich in unzählige Untergruppen, je nach dem zu bearbeitenden Material und dem zu schaffenden Gegenstand.

Alle Berufssparten waren vollständig in die umfassende Oikos-Wirtschaft eingegliedert. Die Kräfte des Haushaltes wurden dabei möglichst gebündelt. Wir wissen von Arbeitshäusern, in denen Frauen gemeinsam Textilien oder Keramiken fertigten. Besonders wertvolle Kleidungsstücke für Priester und Könige konnten die Arbeitskraft mehrerer Frauen über einige Jahre hinweg beanspruchen. Einer Gewerbetätigkeit im privaten Rahmen begegnen wir erst Mitte des 2. Jahrtausends, aber bis zum Ende der altorientalischen Geschichte arbeitete man ganz überwiegend für Tempel und Palast. Die Handwerker waren zumeist in Familienbetrieben organisiert, in denen spezielle Erfahrungen von Generation zu Generation weitergegeben wurden.

Das Können der babylonischen Handwerker können wir noch heute an den erhaltenen Zeugnissen der mesopotamischen Kunst ablesen. Dem Alten Orient war eine Unterscheidung zwischen Kunst und Handwerk nämlich fremd. So gut wie nie kam es zu einem individuellen Hervortreten einzelner Handwerker, die ihre Werke signiert hätten wie später die griechischen Vasenmaler und damit Stolz und Selbstwertgefühl als Künstler zum Ausdruck gebracht hätten. Die Namen der Schöpfer zahlreicher berühmter Kunstwerke sind uns unbekannt; jene können höchstens mit den jeweiligen Herrschern in Verbindung gebracht werden. Neben künstlerischem Talent mußten die mesopotamischen Handwerker genauso über umfangreiche theoretische Vorkenntnisse verfügen – Architekten etwa in der Mathematik –, sollten ihre Werke gelingen. Von den technischen und wissenschaftlichen Leistungen der Bewohner des Zweistromlandes wird im nächsten Kapitel die Rede sein.

Frau und Familie

Über das private Leben besitzen wir recht zahlreiche, aber oft auch widersprüchliche Belege. Allgemein läßt sich sagen, daß die Stellung der Frau relativ frei – in Babylonien etwas freier als in Assyrien – und bei allen Unterschieden am ehesten mit jener der römischen Frau vergleichbar war; in jedem Fall hatte sie größere Privilegien als in Griechenland. Mag dies auf vorgeschichtliche matriarchalische Einflüsse zurückzuführen sein, so ist aber nicht zu verkennen, daß in historischer Zeit die mesopotamische Gesellschaft von Männern bestimmt war und Rechte der Frauen oft erst dann zum Tragen kamen, wenn der männliche Vormund, also gewöhnlich Vater oder Gatte, fehlten.

Vor der Eheschließung vereinbarte der Mann mit dem Brautvater einen Ehevertrag, in dem der Braut- oder – konkreter gesagt – der Kaufpreis vereinbart wurde. Damit trug die Ehe aus juristischer Sicht Züge eines Kaufvertrages. Später wurde diese Zahlung aber mehr und mehr durch eine Mitgift abgelöst. Der Mann hatte ursprünglich volle Verfügungsgewalt über seine Familie, doch wurde diese durch Gesetze bald abgemildert. So durfte er seine Frau nicht töten, sehr wohl aber verpfänden oder verkaufen, falls er verschuldet war.

Wesentlicher Zweck der Ehe war die Fortpflanzung, und dementsprechend hing der Status einer Ehefrau davon ab, ob sie Kinder hatte oder nicht. Von der kinderlosen Frau konnte sich der Ehemann jederzeit scheiden lassen, und er hatte das Recht, sich eine Nebenfrau oder eine Sklavin zu nehmen, um legitimen Nachwuchs zu bekommen. Diese Frauen durften der Ehefrau aber nicht gleichgestellt werden, es gab also zumindest in rechtlicher Hinsicht keine Polygamie. Teilweise wurde auch im Ehevertrag das Recht des Mannes auf außerehelichen Verkehr geregelt. Eine Frau mit Kindern dagegen brauchte sich eine Nebenfrau nicht gefallen zu lassen, und man konnte sich nicht ohne weiteres von ihr scheiden lassen. Auch von sich aus konnte eine Frau die Scheidung betreiben. Sie durfte sich auch wiederverheiraten, unter bestimmten Umständen selbst dann, wenn der Ehemann nur verschollen war.

So etwas wie Versicherungen oder staatliche Fürsorge gab es im Alten Orient nicht. Der einzige existentielle Rückhalt des Menschen war die Familie. Die Geburtenrate war zwar sehr hoch, aber die Kindersterblichkeit kaum niedriger. Man geht durchschnittlich von zwei bis vier Kindern pro Familie aus, die das Erwachsenenalter erreichten. Ernährung und Erziehung hingen ganz von den jeweiligen gesellschaftlichen Verhältnissen der Eltern ab. Es ist ungewiß, ob es einen Mannbarkeitsritus und eine entsprechende Feier für Mädchen gab. In jedem Falle blieben sowohl Sohn als auch Tochter bis zu ihrer Verheiratung durch den Vater Mitglied der Familie, mit dem Unterschied, daß der Sohn vom Vater einen Vermögensanteil ausbezahlt bekam, während bei der Tochter die Verfügungsgewalt über die Mitgift – falls es eine solche gab – der Schwiegersohn erhielt.

Ausgesprochen eigenständig war die Frau – wenn der Mann seine Verfügungsrechte nicht geltend machte – im öffentlichen Bereich. Frauen konnten besitzen, erwerben, verkaufen, erben und vererben, vor Gericht auftreten (hier sogar als Klägerin gegen den Ehemann), sich an wirtschaftlichen Unternehmungen beteiligen oder sie initiieren und dergleichen mehr. In spätbabylonischer Zeit hat es sogar den Anschein, als ob die Frau in ihren Rechten und Pflichten dem Mann fast gleichgestellt sei, allerdings war ihre Position in Assyrien teilweise wesentlich schlechter. So lief sie Gefahr, des Diebstahls beschuldigt zu werden, wenn sie ein Besitztum des toten oder kranken Gatten an sich nahm.

Das berufliche Spektrum war für Frauen nicht allzu groß. Wir haben ihre Tätigkeit in den Arbeitshäusern von Palast und Tempel schon angesprochen, unter dem Personal finden wir auch Müllerinnen, Schenkwirtinnen, Sängerinnen usw. Die gewichtigsten Belege für eine gewisse ‚Emanzipation' sind Frauen in Männerberufen: Von der Tätigkeit im wirtschaftlichen Bereich abgesehen, gab es vereinzelt Schreiberinnen, Richterinnen und Statthalterinnen.

Man darf jedoch nicht vergessen, daß die Quellen uns im wesentlichen über Frauen der Oberschicht informieren. Hier hatten die Frauen wie zu allen Zeiten mehr Freiheiten und konnten, waren sie von entsprechender Geburt und Begabung, sogar Einfluß auf die Staatsgeschäfte nehmen. Drei berühmte Frauen, Sammuramat (Semiramis), Assurbanipals Großmutter Nakija und die Priesterin Adad-guppi, Mutter Nabonids, sind bereits erwähnt worden.[4] Es handelt sich hier aber nur um eine sehr kleine Elite. Für gewöhnlich wurde in der mesopotamischen Gesellschaft die Unterordnung der Frauen unter die Männer als etwas Selbstverständliches angesehen.

2. Wissenschaft und Technik

Bei der Betrachtung der mesopotamischen Forschung muß man sich zunächst von modernen Vorstellungen frei machen, denn unser Wissenschaftsverständnis ist ganz entscheidend durch die griechische Philosophie geprägt. Von Kausalzusammenhängen wußte man im Alten Orient wenig, eine wissenschaftliche Logik gab es nicht. Man hat dies auf die anschauliche Formel gebracht, daß die Forschung im Zweistromland nach dem Was fragte, aber nie nach dem Warum. Kein Wissenschaftler Mesopotamiens suchte zweifelnd nach dem Grund der Dinge oder der Ursache allen Seins. Über die Entstehung des Kosmos lesen wir bezeichnenderweise nur in mythisch-religiösen Texten, niemals in wissenschaftlichen.

Die altorientalische Wissenschaft war auch keineswegs zweckfrei, sondern stand zumeist in einem gewissen religiösen Kontext. Jede Feststellung war gewöhnlich mit einer Prophezeiung verbunden: Die Beobachtung von Vergangenheit und Gegenwart diente nur dazu, die Zukunft vorherzusagen. Dazu kommt noch ein starkes beharrendes Element in der mesopotamischen Kultur: Alles, was sich in der Vergangenheit als gut erwiesen hatte, wurde als für die Zukunft beständig aufgefaßt und niemals in Frage gestellt. Dem originären Wissensdrang waren also von vornherein enge Grenzen gesetzt. Angesichts der ganz unterschiedlichen Voraussetzungen sind die in zahlreichen, vornehmlich babylonischen Listen, Protokollen und Verfahrensvorschriften niedergelegten Erkenntnisse der damaligen Zeit um so bemerkenswerter. Leider wissen wir außer ein paar Namen von Astronomen nichts über einzelne Wissenschaftler. Hier gilt das gleiche wie für die Künstler.

Mathematik

Die umfangreiche Verwaltungstätigkeit in Tempel und Palast machte entsprechend komplizierte Kalkulationen notwendig, so etwa für die Berechnung von Arbeitszeit, die Zuweisung von Naturalrationen oder die Abmessung von Land. Von hier nahm die höhere Mathematik ihren Ausgang. Die Babylonier benutzten ein in Sechzigerschritten zählendes Sexagesimalsystem, das für den mit dem heutigen Dezimalsystem vertrauten Betrachter nicht ganz einfach zu verstehen ist, den praktischen

Bedürfnissen der damaligen Zeit aber vollauf Rechnung trug. Auch wir benutzen dieses Zahlensystem noch, wenn wir die Stunde in 60 Minuten zu je 60 Sekunden oder ein Winkelgrad in entsprechend viele Winkelminuten und -sekunden einteilen.

Der Lehrsatz des Pythagoras stammt keineswegs von den Griechen, sondern wurde bereits in Mesopotamien als etwas Selbstverständliches angewendet. Den für die Kreisberechnung notwendigen Koeffizienten π bestimmte man relativ genau: Der babylonische Wert beträgt 3,125, der tatsächliche 3,142. Die in größerer Menge erhaltenen babylonischen Rechenaufgaben zeichnen sich bisweilen dadurch aus, daß das zugrundeliegende praktische Problem in den Hintergrund tritt und mehr Wert auf den Lösungsweg gelegt wird – dies freilich nicht aus einem Ansatz zur Zweckfreiheit, sondern um auf andere, damit in Zusammenhang stehende Fragen eingehen zu können.

Astronomie

Die Beschäftigung mit den Sternen ging ebenfalls von praktischen Erfordernissen aus. In Mesopotamien benutzte man den Mondkalender. Das Mondjahr hatte zwölf Monate zu 29 oder 30 Tagen und war damit um elf Tage kürzer als das astronomisch korrekte Sonnenjahr. Um den Kalender nicht von den Jahreszeiten abweichen zu lassen, mußten von Zeit zu Zeit Schaltmonate eingelegt werden. Aus der Beobachtung des Himmels erhoffte man sich wohl besseren Einblick in den Zusammenhang zwischen dem Lauf des Jahres und den Bahnen von Planeten und Sternen. Erst im 5. Jahrhundert wurde das korrekte Schema für die Einfügung der Schaltmonate angewandt; zuvor wurde offenbar recht willkürlich geschaltet.

Die Astronomie hatte freilich zu dieser Zeit längst auch andere Aufgaben. Aus altbabylonischer und dann wieder aus neuassyrischer Zeit besitzen wir exakt geführte Sternenlisten und Tagebücher, in denen akribisch alle regelmäßigen (zum Beispiel Planetenaufgänge) und unregelmäßigen (zum Beispiel

Mondfinsternisse, Kometen) Himmelserscheinungen und auch die Witterungsverhältnisse festgehalten wurden. Aufgrund dieser über viele Jahre hinweg angestellten Beobachtungen waren die Astronomen fähig, die Bahnen von Monden und Planeten ungefähr vorherzuberechnen. Die Listen sind so genau, daß sie nicht nur bei der Festlegung der Chronologie des Alten Orients von Nutzen sind, sondern auch Aufschluß über Rotationsveränderungen von Erde und Mond seit der Antike geben können. Unter den Seleukiden wurden auf diesem Gebiet die größten Fortschritte gemacht: In Uruk und Babylon entwickelte man die mathematische Astronomie mit Ergebnissen von solcher Exaktheit, daß sich die Sternenkunde noch im 17. Jahrhundert n. Chr. darauf stützte. Freilich begegnen wir, typisch für die mesopotamische Wissenschaft, niemals weitergehenden Spekulationen über die Gründe der Planetenbewegungen.

Ohnehin war die altorientalische Astronomie keine Wissenschaft in unserem Sinne, sondern diente neben der Kalenderkontrolle der Vorhersage der Zukunft. Die Trennung zwischen Astronomie und Astrologie ist erst eine Errungenschaft der Neuzeit: Noch Kepler konnte ebenso wissenschaftliche Himmelsbeobachtung betreiben wie ein Horoskop für Wallenstein erstellen. Die babylonischen Astronomen versuchten, aus der Konstellation der Gestirne Prophezeiungen für das weltliche Geschehen abzuleiten, jedoch mit einem wesentlichen Unterschied zur heutigen Astrologie. Sie maßen den Planeten keine Macht über das menschliche Schicksal zu, sondern sahen sie nur als unsichere Künder des Kommenden an; ähnlich wie bei Vogelflug oder Eingeweideschau waren die Gestirne nicht die Ursachen, sondern nur die Vorboten der Zukunft (S. 104).

Es war bereits die Rede davon, daß unter dem neuassyrischen König Asarhaddon die Astrologen einen wesentlichen Einfluß auf die Politik ausübten. Wir besitzen noch ihre schriftlichen Prognosen über das Schicksal des Reiches, die mit Ratschlägen für religiöse Maßnahmen zur Abwendung möglichen Unheils verbunden waren. Schon in altbabylonischer Zeit begegnen wir den Tierkreiszeichen, die im 5. Jahrhundert nach mehrmaligen Veränderungen in Zahl und Benennung bereits sehr den griechischen Sternbildern glichen, die bis heute in Gebrauch sind. Eine weitere Sitte (oder Unsitte) verdankt die moderne Welt ebenfalls den Babyloniern: Aus dem Jahre 410 stammt das erste persönliche Horoskop.

Medizin

Die mesopotamische Medizin bestand im wesentlichen aus der Heilung mit Hilfe von Kräutern und Salben. Es gibt Schriftstücke, in denen die jeweiligen Krankheitssymptome und die anzuwendenden Heilmittel beschrieben sind. Man hat auch umfangreiche Listen mit Heilkräutern gefunden, die allerdings nur zum Teil zu identifizieren sind, was eine Einschätzung der Wirksamkeit der damaligen Heilkunst sehr schwierig macht. Die Obduktion von Leichen war aus religiösen Gründen nicht erlaubt; man gelangte daher zu keiner klaren Vorstellung von der menschlichen Anatomie. Aus dem Codex Hammurabi wissen wir aber, daß chirurgische Eingriffe vorgenommen wurden, etwa Operationen an Kopf oder Augen. Das Risiko war dabei für den Arzt kaum geringer als für den Kranken: Starb der Patient oder verlor er ein Auge, mußte der Arzt mit dem Verlust einer Hand büßen. Auch Trepanationen, Öffnungen des Schädels mit Hilfe von Bohrern, wurden in Mesopotamien bereits durchgeführt, wie Ausgrabungsbefunde lehren. Einige Patienten haben diese Operation sogar überlebt.

Die Heilkunst hatte noch ein anderes Gesicht. Krankheiten sah man als Strafe der Götter an, die sich von bestimmten Menschen beleidigt fühlten und deshalb Dämonen beauftragten, ihnen die Gesundheit zu rauben. Als weitere Krankheitsursache galt die Verhexung durch andere Menschen. Es gab daher regelrechte Exorzisten, die wie im christlichen Mittelalter mit magischen Handlungen die Dämonen aus dem Körper des Kranken zu vertreiben und die Götter zu versöhnen suchten.

Der Beschwörungspriester hatte dabei den Vorrang vor dem Mediziner. Erst wenn die Bemühungen des ersteren scheiterten, durfte der Arzt an das Bett des Patienten, vorausgesetzt der Kranke konnte sich überhaupt den Luxus zweier Heiler leisten. Es scheint sogar, daß die eigentliche Medizin im Laufe der Zeit immer mehr hinter die Magie zurücktrat.[5]

Technik

Eine Beurteilung der technischen und handwerklichen Errungenschaften Mesopotamiens ist besonders schwierig, denn sehr oft fehlt uns einfach das Quellenmaterial. Von Gerätschaften aus Holz – vor allem Waffen, Werkzeuge und Möbel – hat sich so gut wie nichts erhalten. Das gleiche gilt für Textilien; hier vermitteln uns bildliche Darstellungen aber zumindest eine ungefähre Vorstellung.

Anders steht es mit Metallen. Zwar bestand die Gefahr, daß sie bei Brandkatastrophen oder bei späterer, neuerlicher Nutzung eingeschmolzen wurden, doch sind trotzdem Gold-, Silber-, Kupfer-, Bronze- und aus dem 1. Jahrtausend auch Eisengegenstände erhalten, an denen wir die Fähigkeiten der damaligen Schmiede ablesen können. Gold wurde schon im 4. Jahrtausend mit Hilfe von Wachsmodellen gegossen. Daneben gibt es Kunstwerke in getriebenem Gold oder Silber: Das Metall wurde zu dünnem Blech ausgeschlagen und dann über einem Modell in die gewünschte Form gehämmert; so erhielt man einen hohlen Gegenstand.

Besondere Vollkommenheit wurde in der Glasproduktion erreicht. Diese Perfektion wurde vermutlich aus dem Wunsch geboren, durch eingefärbtes Glas in Mesopotamien seltene Edelsteine wie Lapislazuli nachzuahmen. Wir besitzen noch entsprechende schriftliche Anweisungen aus der Bibliothek Assurbanipals, die in einem nur für Eingeweihte lesbaren Kode geschrieben sind. Diese Vorsichtsmaßnahme war ganz ungewöhnlich: Offenbar galt Wissen um die Glasherstellung als besonders wertvoll. Tatsächlich ist das Glas, das mit Hilfe dieser Rezepte produziert werden kann, von guter Qualität. Die Glasbläserei wurde erst Ende des 1. Jahrtausends von den Römern erfunden. Die übliche Methode war, ähnlich wie beim Metallguß, die Formung über einem Modell (Kern); danach wurde das Glas geschliffen und poliert. Oft können wir allerdings nicht mit Gewißheit sagen, ob die ausgegrabenen Glasgefäße mesopotamischer, phönikischer oder ägyptischer Herkunft sind.

Bei der Darstellung der Vorgeschichte war bereits die Rede davon, daß der luftgetrocknete Lehmziegel nicht nur das älteste, sondern auch das bis heute übliche Baumaterial in dieser Region ist. Selbst die Dächer bestanden gewöhnlich aus Lehm. Erst in der Spätzeit benutzte man bei Prestigebauten wie Tempeltürmen oder Palästen gebrannte Ziegel. In den Sumpfgebieten Babyloniens war und ist Schilf als Baumaterial üblich. Bei bedeutenden Projekten wurde zunächst ein Grundriß gefertigt – einige Pläne sind uns erhalten geblieben – und dann mit Hilfe einer Schnur auf den Erdboden übertragen.

Bau und Unterhaltung des künstlichen Bewässerungssystems waren natürlich die bedeutendsten infrastrukturellen Maßnahmen. Das bekannteste Projekt in dieser Hinsicht war der Bau eines Aqädukts zur Versorgung der neuen Hauptstadt Ninive unter Sanherib. Über routinemäßige Ausbesserungsarbeiten am Kanalnetz sind wir kaum unterrichtet. Das mesopotamische Verkehrssystem war eher bescheiden. Befestigte Straßen gab es erst im Neuassyrischen Reich und unter den Persern, und auch dann waren sie noch selten. Brücken bestanden gewöhnlich aus über ein Gewässer gelegten Baumstämmen, nur in den großen Städten gab es bemerkenswertere Konstruktionen, so die chaldäische Euphratbrücke Babylons, deren Pfeiler bei Ausgrabungen gefunden wurden. Zweifellos wurden die Bewohner Mesopotamiens später von den Griechen und vor allem den Römern in der Baukunst weit übertroffen, aber welche Wertschätzung die klassische Antike auch in dieser Hinsicht ihren Vorgängern zollte, beweist der Umstand, daß immerhin zwei Bauwerke des Zweistromlandes – die Hängenden Gärten, die in Wirklichkeit Terrassenanlagen waren, und die Stadtmauer Nebukadnezars – zu den Sieben Weltwundern gerechnet wurden.

3. Sprache, Schrift und Literatur

Die Erfindung der Schrift

Seit dem Neolithikum waren im Alten Orient sogenannte Zählsteine in Gebrauch, die bestimmte Gegenstände nachbildeten oder symbolisierten und als Gedächtnisstütze für Abrechnungen und Kalkulationen dienten. Um die Wende vom 4. zum 3. Jahrtausend hatten die wirtschaftlichen Prozesse bereits eine derartige Komplexität angenommen, daß man auf die unpraktischen Zählsteine verzichtete und statt dessen mit Rohrgriffeln Zeichen auf Tontafeln zu malen begann. Auch die Schrift, zweifellos die bedeutendste Errungenschaft der Einwohner Mesopotamiens, nahm ihren Ausgang also von ganz praktischen Belangen. Mit ihr entstand der Beruf des Schreibers. Da die Kenntnis der Schrift für gewöhnlich der Ober- und gehobenen Mittelschicht vorbehalten war, konnten die Schreiber, die sich aus ihr rekrutierten, eine privilegierte Stellung einnehmen, um so mehr, je wichtiger die Schrift für Wirtschaft und Verwaltung wurde. In späterer Zeit waren sie nicht nur in die Palast- und Tempelwirtschaft eingebunden, sondern standen auch Privatpersonen bei Korrespondenz und Beurkundungen zur Seite.

Die anfangs noch sehr bildhaften Zeichen wurden im Laufe der Zeit abstrakter und geradliniger. Dies und die Drehung der Zeichen um 90 Grad nach links dienten der Vereinfachung der Schreibtätigkeit. Die Symbole wurden in durch Linien abgegrenzte Kästchen eingetragen, was den arithmetischen Erfordernissen dieser frühen Texte entgegenkam. Man schrieb wie heute von links nach rechts, nicht etwa in entgegengesetzter Richtung wie im Hebräischen oder Arabischen. Freilich wurden die Schriftzeichen zunächst noch recht willkürlich angeordnet; erst später ging man dazu über, sie so aufeinanderfolgen zu lassen, wie sie zu lesen sind. Manche Dinge, die uns ganz ‚natürlich' erscheinen, sind eben keineswegs selbstverständlich, sondern beruhen auf Übereinkunft und Erfahrung. Die Symbole wurden nun nicht mehr aufgemalt, sondern mit dem kantigen Griffel in die weiche Oberfläche der Tontafel eingedrückt. Die so entstehenden waagrechten, senkrechten und schrägen Eindrücke hinterließen eine Keilform im Material; deswegen sprechen wir von Keilschrift. Etwa um 2700 war sie bereits vollständig ausgebildet.

Die Schrift der Sumerer war eine reine Wortschrift, das heißt, jedes Zeichen stand für ein bestimmtes Wort. Ein solches System führte natürlich zu einer Unzahl von Zeichen, die ein einzelner unmöglich behalten konnte. Man ging deshalb dazu über, ein Zeichen auf ein ganzes Wortfeld auszudehnen und ihm damit verschiedene Bedeutungen zu geben. So bedeutete das Zeichen für ‚Fuß' auch ‚Gehen', ‚Stehen', ‚Bringen'. Eine weitere Möglichkeit war die Bildung von Zeichenkombinationen: Die Symbole für ‚Brot' und ‚Mund' standen zusammengenommen für ‚Essen'. Dadurch wurde es erleichtert, abstrakte Begriffe auszudrücken.

Diese Bilderschrift genügte vollauf für die administrativen Bedürfnisse der Tempelwirtschaft, aber Sprache konnte damit noch nicht ausgedrückt werden. Die entscheidende Entwicklung hin zu echter Schrift in unserem Sinne begann damit, daß gleich oder ähnlich lautende Wörter mit unterschiedlicher Bedeutung durch dieselben Symbole wiedergegeben wurden. Die Schriftzeichen lösten sich allmählich von einer konkreten Bedeutung und drückten bestimmte Laute aus. Das Ergebnis war freilich noch nicht unsere Alphabetschrift, in der ein Zeichen für einen Laut steht, sondern eine kombinierte Wort- und Silbenschrift, die noch einige Wortsymbole besaß, aber durch die Gleichsetzung von Schriftzeichen mit Silbenwerten die Bildung von Sätzen erlaubte. Durch die Silbenschrift konnten nämlich erstmals die grammatischen Formen wiedergegeben werden.

Diese Art der Schrift erfuhr im Laufe der Zeit natürlich gewisse Modifikationen und Verbesserungen, aber im wesentlichen blieb sie trotz aller politischen Umwälzungen für 2500 Jahre die Grundlage für alle schriftlichen Äußerungen der mesopotamischen Zivilisation. Zu Anfang des vorigen

Jahrhunderts wurde die Keilschrift von dem Gymnasiallehrer Georg Friedrich Grotefend und etwas später, aber unabhängig von ihm von dem britischen Diplomaten und Orientalisten Henry Creswicke Rawlinson entziffert. Diese beiden Männer haben für die Assyriologie das gleiche geleistet wie Champollion für die Ägyptologie. Die Assyriologie beschäftigt sich nicht etwa nur mit Assyrien, sondern überhaupt mit Sprache, Geschichte und Kultur des antiken Vorderasien. Der Name rührt davon her, daß diese Wissenschaft ihren Ausgang von den zunächst bekannt gewordenen Denkmälern Assyriens nahm.

Sumerisch, Akkadisch und Aramäisch

Die Silbenschrift hatte den Vorteil, daß in ihr auch andere Sprachen relativ leicht ausgedrückt werden konnten. Es scheint sogar, daß dieser Umstand zu ihrer Entwicklung wesentlich beitrug, denn erst nach der Einwanderung der Akkader finden wir die Silbenschrift voll ausgebildet. Wir können dank ihr also nicht nur die Geschichte der Sprache schlechthin verfolgen, sondern auch einzelne Sprachen voneinander unterscheiden.

Die agglutinierende Sprache der Sumerer steht, wie oben Seite 20 bemerkt, in engem Zusammenhang mit dem Problem ihrer Herkunft. Bis jetzt konnte keine Verwandtschaft mit einer anderen Sprache nachgewiesen werden. Die semitischen Akkader brachten eine neue Sprache mit. Es scheint für Jahrhunderte zu einer Art Gleichgewicht gekommen zu sein: Im Süden überwog das Sumerische, im Norden das Akkadische. Beide Sprachen haben sich gegenseitig stark beeinflußt. Erst zu Beginn des 2. Jahrtausends setzte sich auch im Süden das Akkadische durch, begünstigt durch die Einwanderung der Amurriter, die natürlich das ihrer eigenen Sprache verwandte Akkadisch bevorzugten. Das Sumerische kam aber nicht völlig außer Gebrauch. Ähnlich wie das mittelalterliche Latein blieb es die Sprache der Gebildeten in Literatur und Religion. Diese sogenannte nachsumerische Zeit dauerte fast bis ins

1. Jahrhundert; freilich wurde es im Laufe der Zeit mehr und mehr vom Akkadischen durchsetzt und schließlich fast vollständig verdrängt.

Das Akkadische konnte sich seinerseits über Jahrtausende hinweg als lebendige Sprache behaupten. Die einwandernden Völkerschaften wurden früher oder später assimiliert; dies wurde dadurch wesentlich erleichtert, daß für die Neuankömmlinge, die gewöhnlich Semiten waren, das Akkadische bei weitem nicht so fremd war wie einst für die Akkader das Sumerische. Man unterscheidet zwei Dialektgruppen, eine nördliche assyrische und eine südliche babylonische. Die Sprache (und damit auch die Keilschrift) fand aber auch in Elam, bei den Hethitern, in Syrien und in Palästina Verwendung. Selbst die diplomatische Korrespondenz mit Ägypten bediente sich des Akkadischen.

Erst die Aramäer läuteten im 1. Jahrtausend eine neue Periode der Sprachgeschichte ein. Sie bedienten sich nicht der Silbenschrift, sondern der von den Phönikern erfundenen Konsonantenschrift, deren System sich nur noch im Fehlen von Zeichen für die Vokale von der heutigen Alphabetschrift unterschied. Sie benutzten auch nicht mehr Tontafeln, sondern Papyrus und Pergament. Diese Unterschiede erleichterten natürlich die Behauptung der aramäischen Sprache gegenüber dem Akkadischen. Ganz allmählich setzte sich das Aramäische seinerseits durch, das Neuassyrische und das Spätbabylonische Reich zeigten schon deutliche Zeichen aramäischen Kultureinflusses. Auf einem Relief Tiglatpilesars III. sehen wir zwei Schreiber, den einen mit Griffel und Tontafel, den anderen, einen Aramäer, mit Pinsel und Papyrus, die beide für die Annalen des Königs vor Ort Einzelheiten seiner Kriegszüge niederschreiben.

Aber noch die Perser übernahmen die Keilschrift, und sie erhoben nicht das Aramäische, sondern das Akkadische zur Reichssprache: Das berühmte Felsrelief Dareios' I. im iranischen Bisutun, mit dem er den Sieg über seine Widersacher feierte, trägt eine Inschrift in persischer, elamischer und akkadischer Keilschrift. Unter den Seleukiden wurde das Akkadische endgültig aus dem täglichen Leben verdrängt und auf wissenschaftliche Aufzeichnungen beschränkt, bis es um die Zeitenwende herum endgültig verschwand. Das Aramäische war nun, von einer kleinen griechisch sprechenden Oberschicht abgesehen, die *lingua franca* Mesopotamiens.

Literatur

Der Großteil der in aramäischer Sprache abgefaßten Literatur Mesopotamiens ist verlorengegangen. Papyrus und Pergament sind nicht eben beständig, und die äußeren Bedingungen waren hier nicht so günstig wie in Ägypten, wo das Klima viele Papyri bis in unser Jahrhundert hinein vorzüglich konserviert hat. Wenn das bevorzugte Schreibmaterial nicht Tontafeln gewesen wären – es gab auch Wachstafeln, von denen nur wenige erhalten sind –, würde sich die Hinterlassenschaft Mesopotamiens auf die archäologischen Zeugnisse und einige Bemerkungen in den ägyptischen und griechisch-römischen Quellen beschränken; ein Buch wie das vorliegende wäre gar nicht zu schreiben.

Aus den 2500 Jahren der engeren mesopotamischen Geschichte sind uns eine Unzahl von Wirtschaftstexten, Wortlisten, Weihinschriften, Verwaltungsschreiben, Geschäftsurkunden und -verträgen, Briefen, Chroniken, Schreibübungen und ähnlichem erhalten. Ein Verweis auf diese reiche Hinterlassenschaft muß hier genügen. Wir können im folgenden nur einen Blick auf die Literatur im engeren Sinne werfen.

Am Anfang, noch vor der Mitte des 3. Jahrtausends, standen Sammlungen von Beschwörungsformeln und Sprichwörtern. Bald darauf setzte die erzählende Literatur ein. Das früheste Beispiel für die später sehr reiche Ermahnungsliteratur ist der ‚Rat des Schuruppak', in dem Vater und Schwiegervater ihren Kindern Ratschläge geben, von denen einige auch heute noch sehr befolgenswert sind, etwa folgender: „Wenn du Bier getrunken hast, prozessiere nicht!" Wir besitzen aus dieser Zeit auch religiöse Lieder und Hymnen, darunter einen ganzen Liederkranz, in dem bedeutende Heiligtümer besungen werden. Die Herrscher erkannten bald die von der Schrift gebotene Möglichkeit zur Selbstdarstellung. Urnansche von Lagasch gab sich im 25. Jahrhundert nicht mehr mit bloßen Weihinschriften zufrieden, sondern ließ inschriftlich verkünden, wie viele Tempel er erbaut und welche Kriegstaten er vollbracht habe. Auch von seinem Nachfolger Eanatum besitzen wir eine einige Jahrzehnte später entstandene Siegesstele. Damit begann eine eigene Gattung der Literatur, die unter den assyrischen Herrschern ihren Höhepunkt fand und noch die Inschrift von Bisutun prägte.

Aus der Zeit des Reiches von Akkad sind uns die ersten, noch spärlichen Werke in akkadischer Sprache erhalten, zum Beispiel eine erotische Liebesbeschwörung. Das Sumerische blieb aber die übliche Literatursprache. Dies gilt auch für den berühmten Zylinder des Gudea von Lagasch, eines älteren Zeitgenossen des Urnammu, der die Ur III-Dynastie begründete. Der Text befindet sich auf einem Tonzylinder und kann ohne Unterbrechung gelesen werden, wenn man den Zylinder um seine Achse dreht. Er ist für uns in kultureller Hinsicht sehr aufschlußreich: Der von dem sumerischen Hauptgott Enlil ermunterte Stadtgott Ningirsu erscheint Gudea im Traum und befiehlt, ihm einen Tempel zu errichten. Gudea muß sich den Traum erst deuten lassen und beginnt dann unverzüglich mit dem Bau, der breit geschildert wird. Am Schluß steht die festliche Einweihung und die Segnung Ningirsus, seines Tempels und Gudeas durch Enlil.

Die Ur III-Dynastie brachte zahlreiche Werke hervor, von denen das historisch bedeutsamste die Sumerische Königsliste ist; ihre jüngste Version stammt aber erst aus der Isin I-Dynastie (S. 24). Die Aufzählung der Herrscher entspringt dabei nicht bloßem Interesse an der Vergangenheit, sondern dient der geschichtlichen Legitimation der Königsherrschaft von Ur. Noch stärkere Konzentration auf den jeweiligen Herrscher zeigen die Lieder und Hymnen jener Zeit, die den König wie einen mythischen Helden feiern.

Damit kommen wir zum Epos, der bedeutendsten Literaturgattung Mesopotamiens, die ihre ältesten erhaltenen Wurzeln in der frühakkadischen Zeit hat. Die Epen und überhaupt die mesopotamische Literatur waren für den mündlichen Vortrag gedacht und wurden anfangs auch nur mündlich tradiert. Von daher erklären sich unterschiedliche Schriftfassungen. Von den Poeten oder den Verfassern der schriftlichen Versionen wissen wir nichts Sicheres: Auch die Dichtkunst war ein anonymes Handwerk. Es gab einmal mythische Epen, die die Ordnung des Kosmos durch die Götter, die Erschaffung der Menschen und deren weiteres Schicksal erklärten (S. 106ff.), zum anderen heroische Epen, in denen die legendären Herrscher der Frühzeit im Mittelpunkt standen. Anstatt sich in der Aufzählung verschiedener Epen und Epenzyklen zu erschöpfen, soll nur ein einziges Epos als Muster herausgegriffen werden, und zwar das berühmteste und auch bedeutendste: das akkadische Gilgamesch-Epos. Die Erzählung von Gilgamesch entstand bereits in Frühdynastischer Zeit und wurde in einem sumerischen Epenkreis ausführlich behandelt. Diese Werke fanden im 2. Jahrtausend teilweise auch Eingang in die akkadische Dichtung, die wir in einer Fassung aus der Bibliothek Assurbanipals besitzen:

Enkidu wird von den Göttern als Feind des Gilgamesch geschaffen, der die Bewohner seiner Stadt Uruk unterdrückt. Er lebt anfangs in einer Art paradiesischem Urzustand in der Steppe, wird aber durch den Kontakt mit einer Dirne und die Übernahme menschlicher Lebensweise den Tieren entfremdet. Er kommt nach Uruk, doch Gilgamesch und er werden Freunde. Gemeinsam ziehen sie in den Zedernwald und töten den vom Göttervater Enlil eingesetzten Wächter Huwawa. Als Gilgamesch auch noch die Liebe der Ischtar zurückweist und zusammen mit Enkidu den zur Rache entsandten Himmelsstier tötet, schlagen die Götter zur Strafe Enkidu mit einer Krankheit. Der Tod Enkidus läßt Gilgamesch zunächst an seinem eigenen Schicksal verzweifeln, dann aber versucht er, sein Los zu wenden und dem Ende zu entgehen. Er macht sich auf den Weg zu Utnapischtim – eine dem biblischen Noah vergleichbare Gestalt des mesopotamischen Mythos –, dem die Götter die Unsterblichkeit verliehen haben. Nach zahlreichen Abenteuern kommt Gilgamesch tatsächlich zu ihm und erfährt von einem Gewächs, das Unsterblichkeit verleiht. Der Held holt es vom Meeresgrund, doch auf dem Rückweg, als die Gefahren bereits überstanden sind, wird es ihm von einer Schlange gestohlen. So erfüllt sich die Mahnung der Schenkin Siduri – bei der Gilgamesch auf seiner Reise Rast gemacht hat –, daß dem Menschen von den Göttern nun einmal der Tod bestimmt sei und er das Leben genießen solle. Gilgamesch bleibt nur der Stolz auf die eigene Leistung.

Grundmotiv der Dichtung ist die Bestimmung der menschlichen Existenz durch den Tod. Gegen den Willen der Götter vermag selbst der heroische Mensch nichts. In sprachlicher Hinsicht steht das Werk auf hohem Niveau und braucht den Vergleich mit den großen Epen anderer Kulturvölker nicht zu scheuen.

Die altbabylonische Periode war die erste große Phase der Sichtung und Redaktion des Schrifttums – die zweite war die Spätzeit in Babylonien und Assyrien. In den Schreiberschulen des amurritischen Babylon wurde anhand von Werken der Literatur in die Keilschrift und in die sumerische Sprache eingeführt. Um die sumerische Literatur vor dem Vergessen zu bewahren, wurden zweisprachige Ausgaben angefertigt. Was in den Kanon der ‚Schulliteratur' kam, wurde – gewöhnlich in zahlreichen Handschriften – auch für spätere Zeiten und oft sogar für unsere überliefert. Was nicht rezipiert wurde, ist zum großen Teil verloren. Dies betrifft besonders Werke aus der Zeit von Akkad, da man dem Reich von Akkad, offenbar aus politisch-ideologischen Gründen, in Babylon feindlich gegenüberstand.

Die verschiedenen Literaturgattungen waren um die Wende vom 3. zum 2. Jahrtausend bereits voll ausgebildet. Manche erreichten ihren Höhepunkt erst später, das Gebet etwa gegen Ende des 2. Jahrtausends. Zu einer Schöpfung neuer Formen kam es nicht mehr, wenn man von der ganz singulären Schelmengeschichte von dem ‚Armen Mann von Nippur' absieht, der den Statthalter, der ihn übervorteilt hat, dreimal hereinzulegen weiß. Es entstanden nun historische Epen; eines von ihnen feierte den Sieg Tukulti-Ninurtas I. über Babylon. Auch das akkadische Gilgamesch-Epos fand seine endgültige Gestalt erst im 2. Jahrtausend. Trotzdem ist nicht zu verkennen, daß die ‚große Zeit' der mesopotamischen Literatur das 3. und das beginnende 2. Jahrtausend waren. Mesopotamien schenkte der Menschheit damals nicht nur die Schrift, sondern auch das erste Schrifttum von Weltrang.

4. Kunst

Zwei Bemerkungen zur mesopotamischen Kunstauffassung seien an den Anfang dieses Abschnitts gestellt. Auf die weitgehende Anonymität der Künstler haben wir bereits hingewiesen (S. 69). Nicht weniger charakteristisch ist die religiöse Motivierung der Kunst, entsprechend der Lebensauffassung der damaligen Menschen. Freilich tritt sie nicht in jedem Werk unmittelbar hervor. Bei der Behandlung der Religion werden wir noch einmal darauf zurückkommen. Das Zweite betrifft unmittelbar die Ausführung: Bis auf einige Versuche der Assyrer in der Spätzeit ist die altorientalische Kunst unperspektivisch, das heißt, ihr fehlt die Tiefe des Raums. Figuren und Gegenstände werden entsprechend ihren realen Proportionen wiedergegeben, sie werden nicht ihrem Schein nach verkürzt, wie es der Wahrnehmung des menschlichen Auges entspricht. Daher gibt es anders als in der griechischen Kunst keine wirklichen Größenverhältnisse in der Darstellung. Die altorientalische Kunst erscheint uns fremdartig, und der Zugang zu ihr ist nicht ganz einfach.

Architektur

Durch die Verwendung des Lehmziegels entstanden recht breit und unförmig wirkende Baukörper. Die Mauern mußten aus statischen Gründen dick sein, besonders wenn sie mehr als ein Geschoß tragen sollten. Die Massigkeit ist ein besonderes Kennzeichen mesopotamischer Bauwerke. Um den Eindruck der Klobigkeit zu vermeiden, gliederten die mesopotamischen Architekten die Fassade mit unregelmäßigen Vor- und Rücksprüngen, in Assyrien noch zusätzlich mit Halbrundsäulen (siehe die Nischengliederung Abb. 6). Es ist freilich ungewiß, warum solche auflockernden Elemente nur bei Tempeln vorkommen. Vielleicht waren sie auch eine Art sakraler Schmuck.

Wir unterscheiden zwei Arten von Tempeln, den Tempel zu ebener Erde und den Tempelturm oder die Zikkurat. Die erste Gattung gliedert sich wieder nach verschiedenen Grundrissen (Abb. 6). Der Uruk-Tempel war der typische Kultbau der Sumerer. Er besaß einen großen T-förmigen Mittelbau mit zwei schmalen Seitentrakten an den Langseiten. Die einzig uns bekannten Kulteinrichtungen waren in den Fußboden eingetiefte Pfannen, in denen wahrscheinlich offene Feuer brannten. Die Sakralbauten dieser Zeit erreichten ein beträchtliches Ausmaß: Ein besonders großer Tempel in Uruk hatte im Grundriß die Ausmaße des Bamberger Doms.

Diese Tempelform wurde noch im 3. Jahrtausend durch den wohl von den Semiten eingeführten, einfacheren Knickachstempel ersetzt; dieser heißt so, weil man sich nach dem Betreten des Tempelraums um 90 Grad nach rechts drehen mußte, wollte man den Altar oder das Kultbild sehen. Die Ursprünge des Antentempels reichen ebenfalls in die Anfänge des 3. Jahrtausends. Er bestand aus einem Langraum mit überdachter Vorhalle, die aus vorgezogenen Längsseiten, den Anten, gebildet wurde. Die Benennung erklärt sich aus griechischen Analogien. Erst aus dem Ende des 3. bzw. Anfang des 2. Jahrtausends stammen die beiden letzten, für ihre Regionen charakteristischen Typen: der babylonische Breitraum- und der assyrische Langraumtempel.

Die Zikkurat war der Tempelturm des Stadtgottes. Schon Anfang des 3. Jahrtausends gab es Tempel auf einfachen Terrassenanlagen (S. 23). Diese Terrassen wurden später mit drei, dann sogar mit bis zu sieben Stufen versehen; man spricht daher auch vom Hochtempel im Gegensatz zum Tieftempel auf ebener Erde. Die Tempeltürme waren die Wahrzeichen mesopotamischer Städte, in Assur gab es sogar drei davon. Der

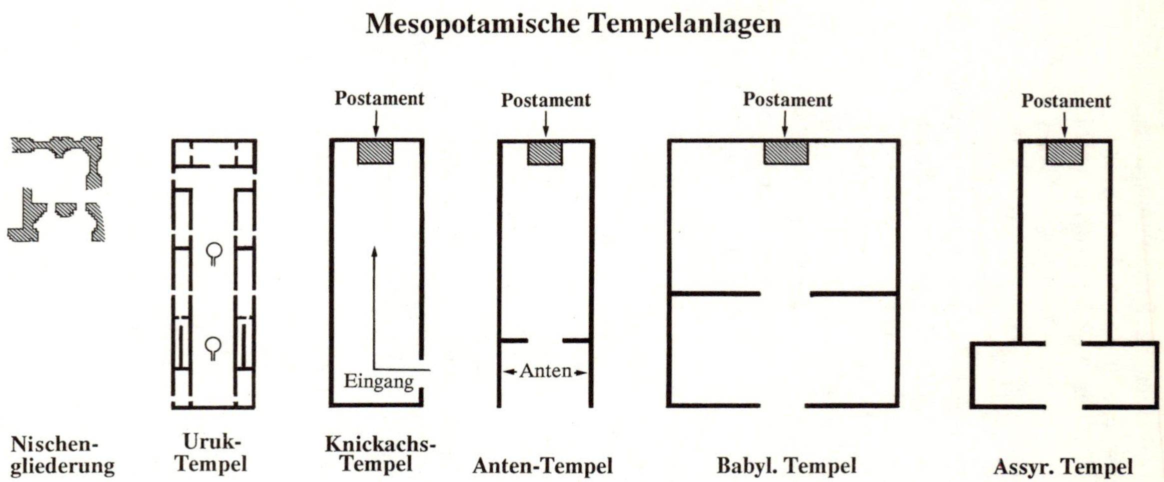

Abb. 6: Mesopotamische Tempelanlagen

Abb. 7: Rekonstruktion der Zikkurat Nebukadnezars II.
(Modell im Vorderasiatischen Museum/Berlin)

berühmteste ist die ca. 70 Meter hohe Zikkurat Nebukadnezars II. in Babylon, der ‚Turm zu Babel' (Abb. 7). Er besaß eine gleiche Seitenlänge und war ein siebenfach gestufter Bau.[6] Über außen herumführende Treppen gelangte man nach oben. Auf halber Höhe befanden sich Bänke, die den dankbaren Gläubigen eine Ruhepause erlaubten. Auf der obersten Stufe stand der mit blauen Ziegeln verkleidete, zweigeschossige Tempel des Marduk. Nach Herodot gab es in dem Tempel kein Kultbild, sondern nur Tisch und Bett. Marduk vollzog dort mit einer von ihm ausgewählten Frau die rituelle Heilige Hochzeit, die wahrscheinlich die Blüte der Stadt garantieren sollte.

Man nimmt an, daß die Kultbauten wegen des Fehlens von Fenstern im Inneren recht dunkel waren. Allerdings besitzen wir auf Siegeln Darstellungen assyrischer Tempel aus dem

12. Jahrhundert, die in den oberen Mauerabschnitten über Fenster verfügen. Die Innenwände waren gewöhnlich nur schwarz und weiß bemalt. Die Fassaden konnten dagegen farbigen Glasurschmuck tragen und mit Götterbildern verziert sein. Außen war auch farbige Bemalung üblich, die von Stockwerk zu Stockwerk wechselte.

Die Profanarchitektur ging vom einfachen Grundriß des Wohnhauses aus. In Babylonien war das eine Anlage mit einem rechteckigen Innenhof, der Licht und Luft spendete; das Flachdach diente der Familie in den Sommermonaten als Schlafplatz. Das assyrische Haus entstand aus einem einfachen Einzelraum. Wegen der stärkeren Regenfälle war das Dach hier gewöhnlich schräg. In den Städten war es üblich, die Wohnhäuser zu größeren Einheiten zu verbinden. Es gab natürlich nicht nur Tempel und Häuser, sondern auch zahlreiche andere Gebäude wie Geschäfte, Werkstätten, Lagerräume, Gaststätten und dergleichen. Abbildung 8 zeigt ein solches, sichtlich ungeplantes Viertel der Stadt Ur aus der Isin I-Dynastie. Hier hat einst wahrscheinlich ein pulsierendes Leben wie in einer modernen orientalischen Stadt geherrscht. Das künstlerisch anspruchsvollste Profanbauwerk war aber stets die Residenz des Herrschers.

Man hat den Palast als in Größe und Ausschmückung gesteigertes Wohnhaus bezeichnet. Diese Behauptung trifft allenfalls auf den Wohntrakt der Königsfamilie und des Hofstaates zu, der nur einen geringen Teil der Grundfläche eines Palastes einnahm. Der größere Bereich diente der Verwaltung, der Güteraufbewahrung und natürlich der Repräsentation.

Abbildung 9 zeigt den altbabylonischen Palast von Mari. Die zahlreichen, ineinander verschachtelten Räume dienten den angesprochenen Funktionen. Beherrschend war der Repräsentationsbereich in der Mitte. Über einen Hof gelangte man in den Audienzraum und von da in einen größeren Langraum, der als Thron- bzw. Bankettsaal diente und auch einen abgegrenzten Sakralbereich besaß. Diese Anlage von zwei hintereinanderliegenden Räumen ist typisch für die mesopotamische Palastarchitektur des 3. und 2. Jahrtausends. Nur die

Abb. 8: Sogenannte Isin-Larsa-Stadt in Ur

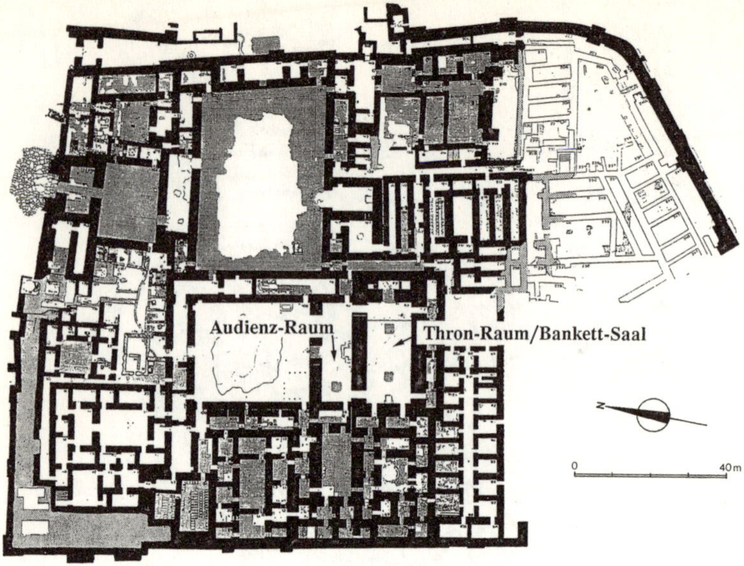

Abb. 9: Altbabylonischer Palast von Mari

Assyrer wichen davon ab: Bei ihnen lag der nach dem Knickachsschema gestaltete Thronsaal direkt am Hof, von wo er über drei Eingänge zu erreichen war; gleichzeitig diente er auch als Verbindung zum Wohnbereich. Einen zweiten Raum gab es nicht (Abb. 10). Wieder etwas anders sah der Grundriß des Thronsaals Nebukadnezars II. aus. Auch er war über drei Türen von einem Hof zu erreichen, aber es handelte sich hier um einen Breitraum, in dem der Thron genau in Achse zum gegenüberliegenden mittleren Haupteingang lag. Die Ähnlichkeit zum babylonischen Breitraumtempel war wahrscheinlich kein Zufall.

Die Paläste verfügten, wie nicht anders zu erwarten, zu allen Zeiten über eine üppige Ausstattung. Es gab nicht nur alle möglichen Annehmlichkeiten für die königliche Familie – fahrbare Öfen, Kühlvorrichtungen und Badeanlagen –, sondern auch reichen Schmuck: prächtig gearbeitete Möbel, Wand-

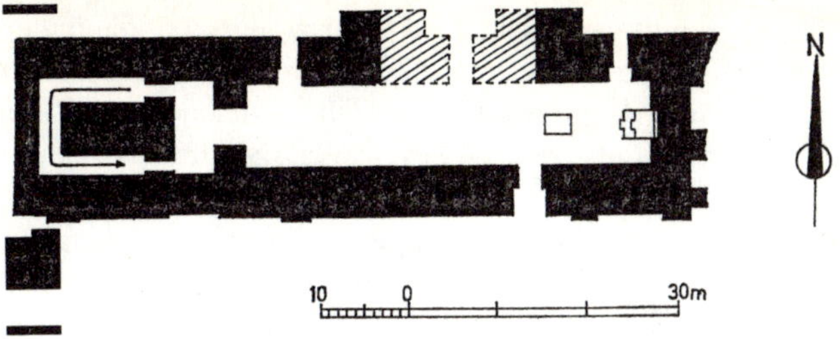

Abb. 10: Thronsaal im Nordwest-Palast von Nimrud

behänge und Teppiche, Reliefs, Malereien und Statuen. Dies führt uns zum nächsten Bereich der mesopotamischen Kunst.

Rundbilder

Man unterscheidet in der Bildkunst zwischen Rund- und Flachbildern. Zu ersteren gehören figürliche Darstellungen, zu letzteren Reliefs, Malereien, Zeichnungen und Glasuren. Leider erlaubt es der archäologische Befund nicht, eine wirkliche Geschichte dieser Kunstformen zu schreiben: Es sind einfach zu wenige Werke erhalten.

Trotzdem kann man eine regionale Differenzierung feststellen. In Babylonien gab man den runden Formen den Vorrang, die Assyrer bevorzugten dagegen eckige, kantige Formen, weswegen wir bei ihnen vor allem Reliefs finden; selbst ihre Rundbilder sind im Grunde zusammengesetzte Flachbilder. Wenn in der assyrischen Kunst doch ausnahmsweise weiche Formen auftreten, dann besteht der berechtigte Verdacht auf unmittelbare Beeinflussung aus dem Süden.

Erhalten sind in erster Linie Bildwerke aus Stein. Beliebt waren Alabaster, Marmor, Kalkstein und Diorit. Wir besitzen nur wenige Metallfiguren, da dieses Material eingeschmolzen und wiederverwendet werden konnte. Kultstatuen wurden gewöhnlich irgendwann die Beute von Eroberern und gingen für uns verloren. Nur Reliefs vermitteln uns ein Bild von ihrem Aussehen. Ob Stein oder Metall, die Augen und manchmal das ganze Gesicht wurden in einem anderen Material gefertigt als der übrige Körper. Dadurch wirkten die Figuren sehr farbig, ja bunt. Die Vorstellung von weißen Statuen entstand erst im 18. Jahrhundert n. Chr. Die antiken Völker, auch Griechen und Römer, hätten solche Skulpturen nicht als vollständig empfunden.

Die ersten Rundbilder der Sumerer stammen vom Ende des 4. Jahrtausends. Die noch etwas unbeholfen anmutenden Plastiken wirken mit ihren durchgedrückten Knien und breiten Füßen, als ob sie nicht richtig stehen könnten. Auch die flach angelegten Hände erwecken den Eindruck, als habe der Künstler erste bildnerische Versuche unternommen. Aber schon in der Frühdynastischen Zeit erreichte die sumerische Bildkunst in den sogenannten Beterfiguren einen Höhepunkt (Abb. 11). Sie heißen so nach der verschränkten Haltung der Arme, aber die Einwohner des Zweistromlandes beteten mit erhobenen Händen; daher ist unsicher, ob es sich hier nicht eher um eine Friedensgeste oder etwas ähnliches handelt. Man hat bei diesen Statuen auch an Diener bei Symposien gedacht – einige tragen Becher in den Händen – oder an Abbilder Verstorbener, die von den Nachkommen verehrt wurden.

Diese eher abstrakten Gestalten wurden in der Folgezeit zugunsten eines naturnahen Stils aufgegeben, der sich nach einem formalistischen Zwischenspiel am Ende der Frühdynastischen Periode in der Akkadzeit fortsetzte. Wir besitzen herrliche Darstellungen von Königsköpfen, die mit ihrem von Bart und Haar umrahmten Gesicht wohl das Ideal des weltlichen Herrschers verkörpern. Leider ist unser Material für das 2. und 1. Jahrtausend recht spärlich. Diese Ungunst der Überlieferung bedeutet freilich nicht unbedingt, daß die Kunstfertigkeit nachgelassen hätte. Es gibt so eindrucksvolle Statuen wie Götter mit vier Gesichtern, die wohl das ‚Alles-Sehen-Können' der Unsterblichen symbolisieren.

Abb. 11: ‚Beterfiguren' aus Tell Asmar (Eschnunna) am Dijala

Malerei und Reliefkunst

An Malereien nagt der Zahn der Zeit ganz besonders, und bei Ausgrabungen läßt die Verbindung mit der Luft sie oft sofort verblassen. Daher ist von ihnen auch recht wenig erhalten. Hauptsächlich wurde in der *al secco*-Technik gemalt, das heißt, die Farben wurden mit Bindemitteln auf den trockenen Untergrund aufgetragen. Aber auch die kompliziertere Methode des *al fresco* war bekannt, bei der der feuchte Putz als Bindemittel diente. Die häufigsten Farben waren Weiß, Schwarz, Rot/Braun und Grün/Gelb.

Als Beispiel für die Malerei mag ein Gemälde aus dem schon erwähnten Palast von Mari genügen (Abb. 12). Die Fransen und Quasten am Rahmen zeigen, daß das Bild als Nachbildung oder besser Ersatz eines Wandteppichs gedacht war. Es besteht aus einer äußeren und zwei inneren Szenen. Die äußere zeigt mehrere Mischwesen, zwei fürbittende Göttinnen,

Abb. 12: Wandmalerei aus dem altbabylonischen Palast von Mari

Menschen bei der Dattelernte und einen Vogel. In der Bildmitte sehen wir oben die Einsetzung des Herrschers von Mari durch die Göttin Ischtar, unten wieder zwei Göttinnen mit Gefäßen, aus denen als Zeichen für das Gedeihen des Landes Wasser fließt; die in den Gefäßen steckenden Zweige bestätigen diesen Symbolgehalt. Interessanterweise befand sich dieses Gemälde in unmittelbarer Nähe des Palastraumes, in dem wahrscheinlich das Vorbild der Szene, die Inthronisation des Königs, tatsächlich stattfand. Reliefs im strengen Sinne gab es in Mesopotamien nicht, da die Darstellungen, wie oben erwähnt, gewöhnlich keine echte Perspektive besaßen. Einfache Flachbilder findet man jedoch auf den verschiedensten Gegenständen und Materialien: auf Stelen, Gefäßen, Wandplatten, Felsen und sogar geweihten Kalksteinkeulen. Hier sei nochmals an Dareios' Siegesinschrift in Bisutun, der auch eine ‚Reliefdarstellung' an die Seite gestellt ist, sowie an die auf einer Vase aus Uruk abgebildete Kultprozession mit einem Priesterfürsten an der Spitze erinnert (S. 21): Auch hier handelt es sich um eine Art relieffiertes Flachbild. Die aus der Uruk-

Periode stammende Darstellung ist einer der frühesten Belege für diese Kunstform.

Die sumerischen Flachbilder zeigen alle eine gewisse Statik. Es handelt sich gewöhnlich um mehrere geschlossene Szenen, die in Reihen nebeneinander angeordnet und von unten nach oben zu betrachten sind. Die Figuren sind dabei, abgesehen vom Herrscher, gleichförmig mit den Köpfen in einer Linie angeordnet, egal ob sie sitzen oder stehen. Die ‚Reliefs' des Reiches von Akkad zeigen eine wesentlich größere Dynamik. So zeichnet sich die Siegesstele des Königs Naramsin durch eine diagonale Bildgestaltung und eine wesentlich naturalistischere Zeichnung der Figuren aus. Eine ähnliche Entwicklung haben wir ja schon bei den Rundbildern festgestellt.

In der altbabylonischen Zeit gesellen sich zu den bestehenden Bildergattungen Terrakottareliefs, von denen diejenigen mit sakralen Darstellungen wahrscheinlich zur Andacht in den Häusern dienten. Das berühmteste ‚Relief' dieser Zeit und vielleicht der mesopotamischen Kultur überhaupt ist das Bildfeld auf dem Codex Hammurabi, das die einzig verbürgte Darstellung dieses Herrschers zeigt (Abb. 5 auf S. 31).

Auch den Kassiten verdanken wir eine neue Denkmalgruppe, die Kudurru oder Grenzsteine. Diese Bezeichnung hat sich inzwischen als falsch herausgestellt, da die Kudurru zwar anläßlich der königlichen Beschenkung von höheren Beamten mit Ländereien angefertigt wurden, aber niemals zur Eigentumsabgrenzung auf offenem Feld dienten, sondern als amtliche Zeugnisse in den Tempeln aufbewahrt wurden. Es handelt sich um klobig zugehauene Steine, auf denen neben der Inschrift die Götter als Garanten des neuen Eigentumsverhältnisses dargestellt werden, aber nicht als Personen, sondern durch ihre Symbole und die ihnen zugeordneten Tiere. Nur die Heilgöttin Gula, gleichzeitig Stadtgöttin von Isin, erscheint in menschlicher Gestalt. Dank dieses Charakteristikums war es der modernen Wissenschaft schon relativ früh möglich, in die Symbolsprache der mesopotamischen Götterwelt einzudringen. Abbildung 13 zeigt einen Kudurru Nebukadnezars I.: Die Inschrift befindet sich auf der Rückseite, in

Abb. 13: Kudurru Nebukadnezars I. (British Museum/London)

der zweiten Reihe von unten ist links die sitzende Gula zu erkennen.

Ihren Höhepunkt erreichte die ‚Reliefkunst' im Neuassyrischen Reich. Neben Felsreliefs und Stelen sind vor allem Orthostaten aus den Palasträumen erhalten. Mit diesem Begriff werden hochkant gestellte Alabasterplatten bezeichnet, die über zwei Meter hoch sein können. Die ursprünglich teilweise bemalten Darstellungen wurden darauf in einer oder zwei, seltener in drei Reihen angeordnet. Wir besitzen zahl-

Abb. 14: ‚Relief' mit König Assurbanipal und seiner Frau in der „Gartenlaube" (British Museum/London)

reiche solcher Reliefs aus der Zeit vom 9. bis zum 7. Jahrhundert, die sich heute größtenteils im Britischen Museum in London befinden. Man hat, was den Ursprung dieser Denkmälergattung betrifft, an die Hethiter und an die Aramäer gedacht, doch wahrscheinlich war es der Kontakt mit Ägypten, mit dem Assyrien seit dem 2. Jahrtausend in engen Beziehungen stand, der die Anregung für diese Kunstform gab.

Das vorherrschende Thema sind die Kriegszüge der assyrischen Könige. Daneben finden sich aber auch, teilweise den individuellen Interessen der jeweiligen Herrscher entsprechend, Jagdszenen, Abbildungen von Herrscher und Hofstaat, Darstellungen von Bauvorgängen (unter Sanherib) und religiöse Motive. Kunsthistorisch besonders interessant ist, daß sich in einigen späten ‚Reliefs' Ansätze zu einer echten Perspektive beobachten lassen.

Ein besonders schönes und ganz singuläres ‚Relief' zeigt Abbildung 14. In einer Gartenszene sehen wir König Assurbanipal auf einer Liege, ihm gegenüber sitzt seine Gemahlin. Beide trinken aus Schalen. Vor dem Bett steht ein Tisch mit Gegenständen, rechts befindet sich ein weiterer Tisch, auf dem die Waffen des Königs liegen (nicht im Bild). Doch die

Szene ist keine rein private: An einem Baum links im Bild hängt der Schädel eines getöteten Widersachers, wahrscheinlich eines elamischen Königs, und unter den Dienern befinden sich zwei besiegte Fürsten. Man hat das Ganze deshalb als Siegesmahl gedeutet.

Eine eigene Denkmälergattung bilden die assyrischen Obelisken, die so wegen ihrer mutmaßlichen ägyptischen Vorbilder genannt werden. Mit diesem Begriff werden schmale, sich nach oben verjüngende Pfeiler bezeichnet, die anders als die ägyptischen Obelisken eine stufen- oder zinnenartige Bekrönung tragen. Gewöhnlich sind auf allen vier Seiten Reliefschmuck und Inschriften angebracht, die wie die Orthostaten dem Ruhm der assyrischen Könige dienen.

Geräte und Keramik

Kurz sei noch auf die Hinterlassenschaft des mesopotamischen Kunsthandwerks hingewiesen. Neben dem Rollsiegel (S. 22f.) ist vor allem der Schmuck zu nennen. Er bestand natürlich aus Gold oder Silber. In den Königsgräbern von Ur und neuerdings auch in Nimrud (s. auch S. 71) sind herrliche Stücke gefunden worden; besonders die Ketten mit goldenem Blattwerk zeigen die Meisterschaft der altorientalischen Künstler. Aber auch Gegenstände des täglichen Gebrauchs wie Gewandnadeln oder Fibeln beweisen, auf welch hohem Niveau gearbeitet wurde.

Wertvolle Gefäße bestanden aus Gold, Silber und Bronze, seit dem 2. Jahrtausend auch aus Glas. Die ganz überwiegende Mehrzahl aber war aus Ton gearbeitet. Die sumerische Erfindung der schnell drehenden Töpferscheibe erlaubte die Herstellung einer wesentlich eleganteren und einheitlicher gearbeiteten Keramik als zuvor. Die nun aufkommende Massenproduktion lag wahrscheinlich nicht mehr ausschließlich in den Händen von Frauen. Charakteristisch ist das abgesehen von der Uruk-Zeit vollständige Fehlen von Henkeln und Tüllen, das die mesopotamische Keramik nicht nur von den Metallgefäßen, sondern auch von der hethitischen und syrisch-palästinischen Keramik unterscheidet. Dank der Erfindung der Glasur war eine bessere Abdichtung der Gefäße und zusätzliche Verzierung neben Bemalung und Ritzzeichnungen möglich. Dabei übertraf die assyrische Keramik im allgemeinen die des Südens.

5. Religion

Die Behandlung der Religion steht nicht ohne Grund an letzter Stelle. Die bisher besprochenen Bereiche haben uns erlaubt, die Bewohner des Zweistromlandes in ihren Voraussetzungen, ihren Tätigkeiten und ihren Leistungen kennenzulernen. Aber erst aus dem Verhältnis zu den Göttern können wir hoffen, etwas über den Menschen selbst zu erfahren, seine elementaren Bedürfnisse, seine Gefühle und seine Vorstellungen von der eigenen Rolle in der Welt. Wir haben ja schon öfters auf die grundsätzliche Bedeutung des Glaubens für einzelne Bereiche der Gesellschaft und Kultur hingewiesen. Tatsächlich hat in Mesopotamien die Religion den Menschen in all seinen Lebensbereichen ganz besonders bestimmt. Hier können wir am ehesten hoffen, etwas vom Geist einer vergangenen Epoche einzufangen.

Menschen und Götter

Die mesopotamische Religion unterscheidet sich grundsätzlich von den heutigen großen Weltreligionen, nicht nur in der geläufigen Unterscheidung von Mono- und Polytheismus, sondern auch im Fehlen eines Religionsstifters und von heiligen Schriften, die die wesentlichen Glaubensinhalte festlegen. Religion wurzelte nicht in einer Lehre, sondern in dem Staunen des vorgeschichtlichen Menschen über das scheinbar Übernatürliche in der Welt und in dem Bewußtsein der eigenen Machtlosigkeit.

In den religiösen Texten ist viel von Ehrfurcht, Anbetung, Dienerschaft und Unterwerfung die Rede, aber kaum von Liebe, und selbst wenn, dann nur im Sinn von Bewunderung und Demut. Ein persönliches, manchmal fast herzliches Verhältnis zur Gottheit, wie es das Christentum auszeichnet, gab es nie, und nie erwartete der Mensch Nähe, Trost oder Geborgenheit. Dafür waren die Götter viel zu weit entfernt, waren zu übermächtig und erhaben. Die Menschen liebten die Götter nicht, aber sie fürchteten sie. Alles, was auf Erden geschah, ging von ihnen aus. Der einzelne konnte nicht frei entscheiden oder gar sein Schicksal selbst in die Hand nehmen. Eine abendländische Wendung wie „Hilf dir selbst, so hilft dir Gott", Ausdruck eines individuellen Selbstbewußtseins, wäre in Mesopotamien auf kopfschüttelndes Unverständnis gestoßen. Von den Göttern hatten die Menschen alles zu erwarten, im Positiven wie im Negativen. Einige Zeilen aus einem Gebet an Ischtar verdeutlichen diese Haltung des altorientalischen Menschen: „Weiseste unter den Göttern, die alle Menschen beherrscht, die du das Band, das Himmel und Erde zusammenhält, fest in der Hand hast ... Ich rufe deine Hilfe an, der ich dein ehrfürchtiger hausgeborener Sklave bin, ich werfe mich dir zu Füßen."

Aus der Unterscheidung verschiedener Naturphänomene entwickelte sich die Vorstellung von mehreren göttlichen Mächten, die die Urheber dieser Erscheinungen waren. Da man sich keine genaue Vorstellung von deren Aussehen und Wesen machen konnte, dachte man sie sich einfach nach menschlichem Vorbild. Sie besaßen Kleidung, Häuser, Schmuck, sie ernährten sich, sie stritten sich und sie liebten sich. So gab es Ehen, Familien und ganze Geschlechterverbände. Der Tod freilich war ihnen fremd. Dies und ihre unbegrenzte Macht unterschieden sie von den Menschen. Vielleicht war es gerade die übergroße Ähnlichkeit, die die unüberbrückbare Distanz zwischen Göttern und Menschen notwendig machte.

Wie sahen die Vorstellungen von den Gottheiten im einzelnen aus? Nicht nur die einzelnen Götter glichen den Menschen, auch ihre Gesellschaft war eine getreue Kopie der altorientalischen. Es gab einen Herrscher an der Spitze, eine königliche Familie, bedeutende Helfer (die Hauptgottheiten) und Randfiguren (die niederen Götter). Der göttliche Hof glich ganz dem des irdischen Fürsten, und der jeweilige König war der Stellvertreter des obersten Gottes. Der Hauptgott hatte die gleiche Allmacht über die Welt wie der Herrscher über sein Reich. Die Vorstellungen unterschieden sich natürlich im einzelnen von Ort zu Ort, und jede Stadt besaß bis in die Spätzeit ihren Lokalgott. Trotzdem gab es schon seit dem frühen 3. Jahrtausend ein allen Bewohnern Mesopotamiens gemeinsames Pantheon. Lange vor der politischen Einigung im Reich von Akkad besaß Babylonien in der Stadt Nippur ein religiöses Zentrum. Der Stadtgott Enlil war der höchste Gott, der seinem Vater An auf den Thron gefolgt war. Ihm stand sein erfindungsreicher Bruder Enki oder Ea als eine Art Kanzler zur Seite. Die Dreiheit wurde vervollständigt durch eine weibliche Gottheit, deren bekanntester Name Ischtar war.

Diese Herrschaftsverteilung war nicht unveränderlich. Die Übertragung der menschlichen Gesellschaft auf die göttliche führte verständlicherweise dazu, daß auch die Götter von irdischen Machtumwälzungen betroffen wurden. Der Aufstieg Babylons führte gegen Ende der Kassitenzeit zur Verdrängung des sumerisch-akkadischen Enlil durch den Stadtgott Marduk, und der assyrische Nationalgott Assur wurde immer bedeutender, je weiter sich das Assyrerreich ausdehnte. Welche Bedeutung solche ursprünglich lokalen Kulte für die Bevölkerung hatten, beweist der niederschmetternde Eindruck, den die mehrmalige Verschleppung der Mardukstatue auf Babylonien machte. Umgekehrt gab es kein probateres Mittel, einen geschlagenen Feind zu demütigen, als ihm seine Götter zu nehmen.

Die Zahl der ursprünglich wahrscheinlich über 1000 Gottheiten nahm zu Beginn des 2. Jahrtausends stark ab, auf etwa 20 oder 30. Viele einander ähnliche Götter wurden miteinander verschmolzen, andere wurden von ‚attraktiveren' Gottheiten einfach verdrängt. So setzte sich Ischtar gegenüber fast allen weiblichen Göttern durch. Sie war nicht nur für die körperliche Liebe, sondern auch für Zwietracht und Krieg zuständig. Erwähnt seien noch Nabu, der Gott des Schreibwesens, die Heilgöttin Gula, der Vegetationsgott Ninurta und die für Himmels- oder Naturereignisse zuständigen Gottheiten: der Sonnengott Schamasch, der Mondgott Sin, der Wettergott Adad. Zwar änderten sich Zusammensetzung und Aufbau der mesopotamischen Götterwelt, am grundsätzlichen Verhältnis zwischen Mensch und Gott wurde aber nie gerüttelt und ebensowenig am Polytheismus. Ob Nabonids Bevorzugung des Sin im 7. Jahrhundert als Tendenz zum Monotheismus gelten kann, muß ganz unsicher bleiben.

Eine zwangsläufige Folge der Allmacht der Götter war der Wunsch, ihre Absichten zu erfahren. Die Wahrsagerei bestand weniger in dem aus der klassischen Antike bekannten Orakelwesen, sondern in der Deutung göttlicher Vorzeichen mittels Eingeweideschau, Vogelflug und ähnlichem. Die himmlischen Fingerzeige waren dabei manchmal ganz konkret: Löcher in der Leber eines Opferschafes konnten bedeuten, daß eine feindliche Stadt einzunehmen sei, indem man Löcher in die Stadtmauer bohrte. Es gab sogar eine eigene Literaturgattung, die sich mit den Omina beschäftigte und genaue Regeln und Kataloge aufstellte. Wir haben bereits bei der Behandlung der Astronomie gesehen, wie untrennbar Wissenschaft und Religion verbunden waren.

Dem Menschen ging es am besten, wenn er den Willen der Götter erfüllte; diesem Willen entsprangen – ähnlich wie in kleinerem Rahmen dem des Königs – alle Satzungen und Regeln, seien sie staatlicher oder privater, rechtlicher oder ethischer Natur. Einen abstrakten und absoluten Moralkodex wie bei uns gab es nicht: Sittliches Verhalten bedeutete letzten Endes nur Dienst an den Göttern. Wenn der Mensch gegenüber den Göttern fehlte, betrauten sie Dämonen mit deren Bestrafung. Es gab aber immer noch die Möglichkeit der Beschwichtigung. Von den Beschwörungspriestern, die den kranken Menschen beistanden und den Ärzten Konkurrenz machten, war bereits die Rede. Der einzelne konnte sich aber auch selbst an die Götter wenden: Eine reiche Überlieferung von Beschwörungsformeln und Gebeten gibt Zeugnis für diese Praxis.

Kult

Auch in der Verehrung der Götter wurde einfach das gegenüber dem Herrscher ziemliche Verhalten auf den Himmel übertragen. Man hat treffend gesagt, daß Kult nichts anderes sei als überhöhte Hofetikette. Die erste Pflicht der Menschen war die Bereitstellung eines Palastes für den Gott. Tatsächlich betonten die mesopotamischen Herrscher, jedenfalls nach den erhaltenen Quellen zu urteilen, neben ihren Erfolgen im Felde am liebsten, wie viele und welche Tempel sie gebaut oder restauriert hatten. Ein schönes literarisches Beispiel dafür haben wir im Gudea-Zylinder bereits kennengelernt (S. 83).

Den Tempeln war, wie wir gesehen haben, ein umfangreicher wirtschaftlicher Apparat angeschlossen. Dazu konnten sie auch stets auf Geschenke des Herrschers und die Spenden der Gläubigen bauen. Das Kultpersonal, die Priesterschaft, rekrutierte sich aus der Oberschicht. Sowohl Männer als auch Frauen konnten das Priesteramt bekleiden und trugen eine besondere Tracht. Die Priesterinnen lebten in klosterartigen Gebäuden, einige von ihnen hatten auch sexuell unberührt zu bleiben.

Über den eigentlichen Gottesdienst, die Kulthandlungen, sind wir recht gut unterrichtet. Wir können aber nicht sagen, inwieweit die Öffentlichkeit teilnehmen durfte. Zumindest einem Teil von ihnen war schon der Blick in das Heiligtum durch Blendmauern versperrt. Der König und sein Gefolge konnten natürlich an den Zeremonien teilnehmen.

Der wichtigste Ritus an bedeutenden Feiertagen war die Bekleidung des Kultbildes mit wertvollen Gewändern und mit Schmuck. Manchmal wurde die Gottheit auch in einer feierlichen Prozession, begleitet von Sängern und Musikanten, herumgeführt. Einmal im Jahr, während des Neujahrfests im Frühjahr, fand die Heilige Hochzeit statt, bei der sich Gott und Göttin vereinigten, entweder real in Gestalt des Königs und einer Priesterin oder symbolisch, indem die Kultstatuen auf ein Bett gelegt wurden. So wurde das Wohlergehen von Volk und Stadt gesichert. Die alltägliche Aufgabe der Priester bestand in der Speisung der Götter. Diese war keineswegs nur eine symbolische Handlung: Es gab Tempelköche, und wir besitzen noch einige Rezepte. Die Götter (und natürlich die Priester) hatten gewiß keinen Grund zu klagen: Sie erhielten zwei große und zwei kleine Mahlzeiten am Tag.

Der Ursprung von Erde und Menschen

Das Problem der Entstehung der Welt war in Mesopotamien wie in allen frühen Kulturen ein rein religiöses. Man dachte sich das Universum als eine gewaltige Kugel, deren eine Hälfte den Himmel und deren andere die Unterwelt bildete. Oben herrschten die Götter, unten war das Totenreich angesiedelt, in dem die Menschen nach ihrem Ableben ein freudloses Dasein fristeten. In der Mitte befand sich das Meer, aus dem die Erde ragte, das heißt Mesopotamien und seine ‚Nebenländer'.

Über die Schaffung dieses Kosmos gab es die unterschiedlichsten Vorstellungen – eine einheitliche Lehre existierte ja nicht. Stets ging man allerdings davon aus, daß die Welt nicht aus sich selbst heraus entstanden war. Irgend etwas oder irgend jemand mußte am Anfang dagewesen sein. Man dachte an eine Art Urzeugung zwischen dem Salzwassermeer Tiamat und dem Süßwassermeer Apsu, an eine gewaltsame Trennung von Himmel und Erde, an eine stufenweise Schöpfung, an einen Urzwist zwischen den Göttern und an eine sorgfältig geplante Schöpfungstat wie im Alten Testament. Dabei wurde, soweit wir wissen, nie der entscheidende Schritt von einer mythischen zu einer wissenschaftlichen Betrachtung des Problems getan. Wir können hier nicht auf die einzelnen Mythen eingehen, in der einen oder anderen Form finden wir sie auch bei den Griechen und bei den übrigen Völkern des Alten Orients.

Über die Erschaffung des Menschen herrschte dagegen weitgehende Einigkeit. Offenbar hatte sich schon früh eine besonders einleuchtende Version durchgesetzt, die im altbabylonischen Atramchasis-Epos festgehalten ist. Man glaubte, daß die Götter ursprünglich in eine herrschende und in eine arbeitende Schicht getrennt gewesen seien. Eines Tages streikten die Arbeiter und forderten für sich gleiche Rechte. Die Herrscher wußten keinen Ausweg – gleichberechtigte Arbeitsteilung kam offenbar von vornherein nicht in Frage –, bis Enki vorschlug, aus Lehm und dem Fleisch eines zu diesem Zweck getöteten niederen Gottes den Menschen zu schaffen. Dieser hatte die Befähigung, von nun an alle Arbeiten für die Götter zu erledigen, konnte sich aber gleichzeitig niemals gegen sie auflehnen. Die Geschichte vom göttlichen ‚Klassenkampf' entbehrt für den heutigen Leser nicht des humoristischen Aspekts, aber die wesentliche Aussage für den damaligen Menschen war, daß er nur zu Nutz und Frommen der Götter da sei.

Noch klarer wird dies, wenn wir den Inhalt des Atramchasis-Epos weiterverfolgen. Die neugeschaffenen Menschen ‚funktionierten' nach Plan und vermehrten sich zahlreich. Durch den Lärm der immer größeren Zahl wurde aber Enlil in seinem Schlaf gestört, und er trachtete danach, die Menschen zu dezimieren. Er sandte verschiedene Plagen, aber dem listigen Enki, der einen Rückfall in die Zeit vor der Schöpfung des Menschen fürchtete, gelang es jedesmal, die Auswirkungen abzuwehren. Dies erzürnte Enlil so, daß er kurzerhand beschloß, die gesamte Menschheit mit einer Sintflut auszulöschen. Wiederum rettete Enki die Menschen, indem er Atramchasis – so lautet hier der Name des mesopotamischen Noah – riet, ein Schilfboot zu bauen und darin seine Familie, seine Habe und die Tiere zu retten. Die Götter bedauerten den Fehlschlag von Enlils Vorhaben; um das leidige Problem zu lösen, verkürzte Enki die Lebenszeit der Menschen und beschränkte die Fruchtbarkeit. Erst damit war die Schöpfung eigentlich abgeschlossen.

Wir sehen hier einen recht jähzornigen und brutalen Göttervater am Werk, der anders als der Gott des Alten Testaments die Menschheit aus eigennützigem Grunde vernichten will. Ziel des Mythos war natürlich nicht, das Verhalten der Götter anzuprangern, aber genau wie das akkadische

Gilgamesch-Epos machte er die Ausgeliefertheit des Menschen deutlich.

Damit soll freilich nicht behauptet werden, daß die Bewohner des Zweistromlandes ihr Leben in dumpfem Pessimismus verbracht hätten. Allein die künstlerischen Leistungen beweisen das Gegenteil. Wenn die Distanz zu den kalten, gewaltigen Göttern auch keine Geborgenheit und Intimität erlaubte, so zweifelte der Mensch doch nie an der Ordnung der Dinge und akzeptierte selbst in schwerer Bedrängnis sein Schicksal als gottgegeben. Das Fehlen jeglicher Heilserwartung wies einen um so stärker auf die Freuden des Diesseits hin. Die Menschen Mesopotamiens hätten sich mit dem Religionsverständnis des Christentums wahrscheinlich ebensowenig anfreunden können wie wir mit dem ihrigen.

V. Ausblick

Wir haben gesehen, daß sich die Geschicke Mesopotamiens in den etwa 2500 Jahren seiner engeren Geschichte ziemlich wechselvoll gestalteten. Es ist fast eine Regel, daß alle paar Jahrhunderte neue Eroberer ins Land kommen, die die politischen Strukturen erst einmal hinwegfegen und eine ganz neue Ordnung aufzurichten scheinen. Aber wirklich nur scheinen. Denn genauso regelmäßig werden die fremden Herren nach kurzer Zeit assimiliert und führen die alten Traditionen fort. Dies läßt sich nicht nur aus einer ‚Überlegenheit' der mesopotamischen Kultur erklären. Andere Hochkulturen der Geschichte wurden durch Invasionen zivilisatorisch unterlegener Völker völlig vernichtet. Es scheint, daß die Kultur des Zweistromlandes sich über Jahrtausende eine ganz besondere Lebendigkeit und schöpferische Kraft erhalten konnte. Auch Ägypten behauptet sich über eine ähnlich lange Zeit, aber hier sind die fremden Einflüsse wesentlich schwächer, und gerade diese tragen ja wieder von neuem zur kulturellen Vitalität bei. Trotz aller äußeren Brüche läßt sich also eine erstaunliche Kontinuität feststellen, in der das von den Sumerern und Akkadern erstmals Geschaffene erhalten, bereichert und erneut weitergegeben wird. Die Aramäer können als erste nicht mehr vollständig integriert werden, aber selbst dann dauert es noch ein Jahrtausend, bis die Kultur des Zweistromlandes endgültig erlischt. Erst diese Beständigkeit erlaubt es, jenseits aller räumlichen Fixierung von Mesopotamien als einem historischen und kulturellen Begriff zu sprechen, und rechtfertigt letztlich einen Band wie den vorliegenden.

Das Vermächtnis an die Nachwelt ist gewaltig. Die grundlegende Bedeutung Griechenlands und Roms für die Ausformung des Abendlandes soll hier nicht bestritten oder auch nur geschmälert werden. Wir haben besonders bei der Religion und beim Wissenschaftsverständnis gesehen, wie fremd uns die mesopotamische Welt im Grunde ist. Aber wir müssen anerkennen, daß im Zweistromland ganz grundlegende Voraussetzungen für die Entwicklung des Okzidents geschaffen worden sind. Hier vollzog der Mensch den Übergang zur Seßhaftigkeit, hier wurden überragende künstlerische Leistungen erzielt, hier nahmen bis heute ungebrochen fortdauernde Disziplinen wie Mathematik und Astronomie ihren Anfang, und hier wurde die Schrift erfunden, ohne die jeglicher höhere Fortschritt ganz undenkbar ist. In Mesopotamien steht die Wiege unserer eigenen Kultur.

VI. Nachwort

In der Einleitung war bereits davon die Rede, daß die Heterogenität der mesopotamischen Geschichte einen allgemeinen Überblick nicht einfach macht. Viele und auch wichtige Dinge konnten hier nicht ihren Platz finden. Trotzdem hoffe ich, dem Leser eine verständliche Darstellung geboten zu haben.

Erschwerend kommt hinzu, daß der Autor als Archäologe Fachmann auf seinem eigenen Gebiet ist und sich noch in einigen benachbarten Gebieten wie Wissenschaft und Religion auskennt, jedoch weniger über Schrift oder Literatur Bescheid weiß. Um so dankbarer bin ich für den Rat von Fachkollegen der Assyriologie, nämlich Prof. Dr. Dietz Otto Edzard, Prof. Dr. Manfred Krebernik, Dr. Michael Streck und Prof. Dr. Claus G. Wilcke.

Mein herzlicher Dank gilt auch Cornelie Wolff, der bewährten Zeichnerin und Malerin am Institut für Vorderasiatische Archäologie in München, die zusammen mit Ingeborg Kraus, der Sekretärin am Institut, die beiden Landkarten, die Zeittafeln und die Abbildung mit den Grundrissen der Tempelanlagen angefertigt hat. Frau Kraus hat dankenswerterweise auch eine frühe Fassung des Manuskripts am Computer auf Fehler überprüft und ausgedruckt.

Für die kritische Durchsicht des endgültigen Manuskripts und wertvolle Anregungen und Unterstützung sei besonders Dr. Monika Bernett, Stefan Hackenspiel M.A. und Prof. Dr. Jakob Seibert gedankt. Nicht zuletzt bin ich dem Verlag, insbesondere Wolfgang Beck, Dr. Ernst-Peter Wieckenberg und Dr. Stefan von der Lahr für das Vertrauen verbunden, das sie mir entgegenbrachten, als sie mich mit dieser Arbeit beauftragten. Ich hoffe, sie nicht enttäuscht zu haben.

Das frühere Paradies Mesopotamien ist zur Zeit infolge des letzten Golfkrieges und des internationalen Boykotts nur mit großen Mühen zu betreten. Die Ausgrabungstätigkeit ist nahezu zum Erliegen gekommen. Für alle, die Mesopotamien und die arabische Welt lieben, wäre es die größte Erfüllung, wenn man wieder ohne Erschwernisse dorthin reisen könnte. Vielleicht trägt dieses Buch ein wenig dazu bei, die Kenntnisse über das Zweistromland und über die von seinen Bewohnern erbrachten Leistungen zu bereichern und das Interesse an Mesopotamien neu zu wecken.

München, im Sommer 1996 *Barthel Hrouda*

Hinweise zu Schreibweise und Aussprache

Im Text werden Orts-, Völker- und Personennamen gemäß der deutschen Aussprache wiedergegeben. Die wichtigsten Ausnahmen sind die Hurriter und Hammurabi. Beide Namen müßten mit ‚Ch' statt mit ‚H' geschrieben werden, wir halten uns hier aber an die eingebürgerte Schreibweise. Einige weitere Ausnahmen fußen auf der türkischen Orthographie.

Auf der zweiten Karte ist neben der türkischen Rechtschreibung die wissenschaftliche Umschrift benutzt, da die Namen so kürzer wiedergegeben werden können:

ç = tsch (wie in tschechisch)
ġ = weiches, fast stimmloses g (wie in Tagesspiegel), im Text auch als ‚gh' geschrieben
ğ = dsch (wie in Dschungel)
ḥ = scharf aspiriertes h
ḫ = ch (wie in Lachen)
š = sch
ṣ = emphatisches s
' = fester Stimmeinsatz

Striche über Vokalen geben betonte Längen an.

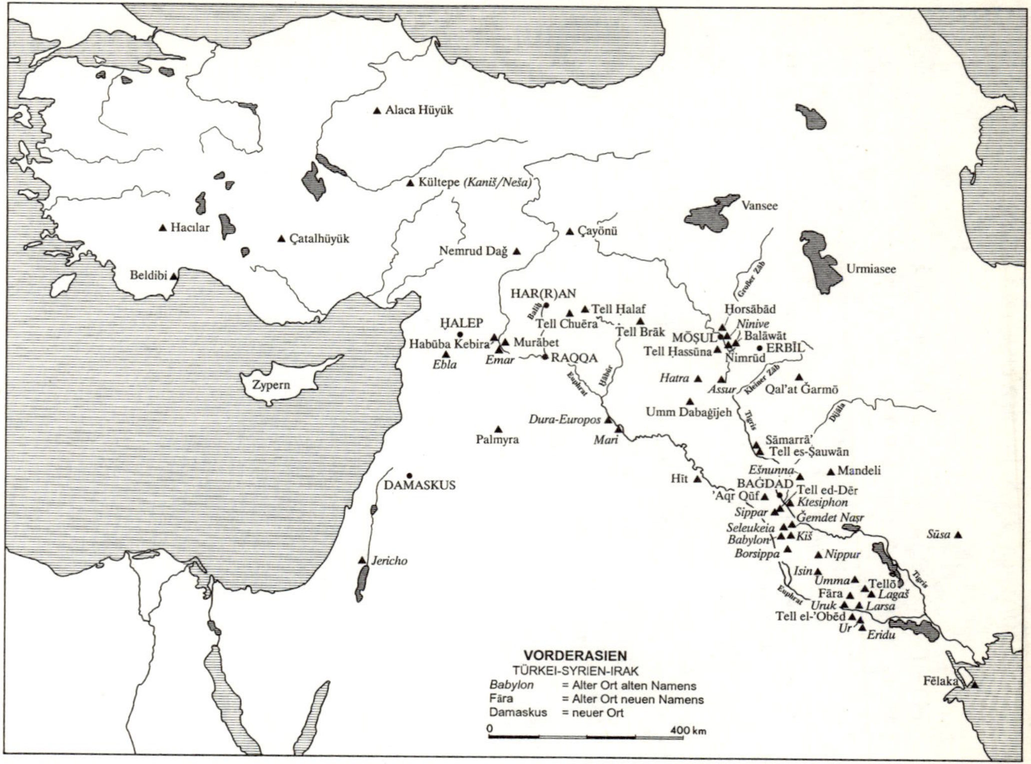
VORDERASIEN
TÜRKEI-SYRIEN-IRAK
Babylon = Alter Ort alten Namens
Fāra = Alter Ort neuen Namens
Damaskus = neuer Ort
0
400 km
Alaca Hüyük
Kültepe (Kaniš/Neša)
Hacılar
Çatalhüyük
Beldibi
Nemrud Dağ
Çayönü
Vansee
Urmiasee
Zypern
HAR(R)AN
Tell Ḥalaf
Tell Chuēra
Tell Brāk
ḤALEP
Habūba Kebira
Murābet
Ebla
Emar
RAQQA
Euphrat
Ḫābūr
Baliḫ
Großer Zāb
Kleiner Zāb
Tigris
Diyāla
Ḥorsābād
Ninive
MŌṢUL
Balāwāt
ERBĪL
Tell Ḥassūna
Nimrūd
Hatra
Assur
Qal'at Ğarmō
Umm Dabağijeh
Dura-Europos
Mari
Palmyra
DAMASKUS
Jericho
Sāmarrā'
Tell es-Ṣauwān
Ešnunna
Mandeli
Hīt
BAĠDAD
Tell ed-Dēr
'Aqr Qūf
Ktesiphon
Sippar
Ğemdet Naṣr
Seleukeia
Babylon
Kiš
Borsippa
Nippur
Sūsa
Isin
Umma
Tellō
Fāra
Lagaš
Uruk
Larsa
Tell el-'Obēd
Ur
Eridu
Fēlaka

Zeittabelle Vorderasiens

ca. 300 000	Vor-/ Urgeschichte	Paläolithikum alt mittel jung	Neandertaler homo sapiens
ca. 10 000		Mesolithikum (Protoneolithikum)	
ca. 5 000		Neolithikum a b	„Altmonochrome“ Keramik
ca. 4 000 ca. 3 000	Früh- geschichte	Chalkolithikum früh mittel spät	Hassūna-Samarra-Tell Halaf Obēd-Periode Uruk-Periode (Uruk IVa) Schrifterfindung
ca. 2 800		Frühe Bronzezeit I	Dschemdet Nasr-Periode
ca. 2 500 ca. 2 300 ca. 2 000	Geschichte	II III	Frühdynastische Perioden Akkad-Ur III-Zeit
ca. 1950		Mittlere Bronzezeit I II	Isin-Larsa-Zeit Altassyr./Altbabyl. Zeit
1 500		Späte Bronzezeit I II	Hethiter, Mittani, Hurriter, Kassiten, Mittelassyrer
1 000		Eisenzeit	Neuassyrer, Spätbabylonier, Urartäer, Phryger, Perser, Griechen, Parther, Sasaniden

Zeittabelle Mesopotamiens

Zeit	Perioden	Völker
3000	Frühsumerische Zeit	Sumerer
		Sintflut
2700	Gilgamesch	↑
2500	I. Dynastie von Ur	
23.–22. Jh.	Reich von Akkad	Ostsemiten
21.–20. Jh.	III. Dynastie von Ur	Sumerer
20.–18. Jh.	I. Dynastie von Isin	Westsemiten (Amurriter)
18.–16. Jh.	Altbabylonisches Reich	
18.–17. Jh.	Altassyrisches Reich	Assyrer
16.–13. Jh.	Mittani	Hurriter
16.–12. Jh.	Reich der Kassiten	Kassiten
14.–11. Jh.	Mittelassyrisches Reich	Assyrer
12.–11. Jh.	II. Dynastie von Isin	Aramäer
10.–7. Jh.	Neuassyrisches Reich	Assyrer
7.–6. Jh.	Spätbabylonisches Reich	Babylonier/Chaldäer
6.–4. Jh.	Reich der Achämeniden	Perser
4.–2. Jh.	Alexander der Große/ Seleukiden	Makedonen/ Griechen
2.–3. Jh. n. Chr.	Reich der Arsakiden	Parther
3.–7. Jh.	Reich der Sasaniden	Perser
7. Jh.	Sieg des Islam	Araber

Ausgewählte Literatur

Amiet, P., Elam, Auvers-sur-Oise 1966.

–, Die Kunst des Alten Orient (Ars Antiqua), Freiburg 1977.

Andrae, W., Das wiedererstandene Assur, München 1977².

Barnett, D. R., Assyrian Palace Reliefs in the British Museum, London 1974.

Bittel, K., Die Hethiter (Universum der Kunst), München 1976.

Börker-Klähn, J., Altvorderasiatische Bildstelen und vergleichbare Felsreliefs (Baghdader Forschungen 4), Mainz 1982.

Bottéro, J., La religion babylonienne, Paris 1952.

Brinkman, J. A., A Political History of Post-Kassite Babylonia from 1158–722 B. C. (Analecta Orientalia 43), Rom 1968.

Brodersen, K., Die Sieben Weltwunder, München 1996.

Cambridge Ancient History, Bd. I–III in mehreren Teilen, Cambridge 1970–1982³.

Cambridge History of Iran, Bd. I–III, Cambridge 1968–1983.

Carter, E., Stolper, M.W., Elam. Surveys of Political History and Archaeology (University of California Publications, Near Eastern Studies 25), Berkeley 1984.

Cassin, E., Bottéro, J., Vercoutter, J. (Hrsgg.), Die Altorientalischen Reiche I–III (Fischer Weltgeschichte 2–4), Frankfurt am Main 1965–1967.

Cole, S., The Neolithic Revolution, London 1963.

Collon, D., First Impressions. Cylinder Seals in the Ancient Near East, Chicago 1987.

Deshayes, J., Les civilisations de l'Orient ancien, Paris 1969.

Edzard, D. O., Die „Zweite Zwischenzeit" Babyloniens, Wiesbaden 1957.

Falkenstein, A., Das Sumerische (Handbuch der Orientalistik), Leiden 1959.

Frankfort, H., The Art and Architecture of the Ancient Orient (Pelican History of Arts), Harmondsworth 1996⁵.

Frey, W., Kürschner, H., Die Vegetation im Vorderen Orient (Beihefte zum Tübinger Atlas des Vorderen Orients, Reihe A [Naturwissenschaften] 30), Wiesbaden 1989.

Freydank, H., u.a., Erklärendes Wörterbuch zur Kultur und Kunst des Alten Orients, Hanau o.J.

Friedrich, J., Entzifferung verschollener Schriften und Sprachen (Verständliche Wissenschaft), Berlin 1954.

Ghirshman, R., Iran I. Protoiranier, Meder, Achämeniden (Universum der Kunst), München 1964.

–, Iran II. Parther und Sasaniden (Universum der Kunst), München 1962.

Haas, V. (Hrsg.), Das Reich Urartu (Konstanzer Althistorische Symposien 1; Xenia 17), Konstanz 1986.

Haussig, H.-W. (Hrsg.), Wörterbuch der Mythologie, I 1: Die alten Kulturvölker. Götter und Mythen im Vorderen Orient, Stuttgart 1965.
Heinrich, E., Die Paläste im alten Mesopotamien, Berlin 1984.
–, Tempel und Heiligtümer im alten Mesopotamien, Berlin 1982.
Helck, W., Die Beziehungen Ägyptens zu Vorderasien im 3. und 2. Jahrtausend v. Chr. (Ägyptologische Abhandlungen 5), Wiesbaden 1962.
Hinz, W., Das Reich Elam (Urban Bücher 82), Stuttgart 1964.
Hrouda, B., Vorderasien I. Mesopotamien, Babylonien, Iran und Anatolien (Handbuch der Archäologie), München 1971.
– (Hrsg.), Der Alte Orient. Geschichte und Kultur des alten Vorderasien, Gütersloh 1991.
Huot, J.-L., Les Sumeriens. Entre le Tigre et l'Euphrate (Collection des Néréides), Paris 1989.
Koldewey, R., Das wieder erstehende Babylon, Berlin 1990[5].
Kramer, S.N., The Sumerians. Their History, Culture and Character, Chicago 1963.
Kroll, S., Das Reich Urartu, Hamburg 1979.
Kuhrt, A., The Ancient Near East c. 3000–330 BC, 2 Bde., London 1995.
Lauffer, S., Alexander der Große, München 1981[2].
Littauer, M. A., Crouwel, J. D., Wheeled Vehicles and Ridden Animals in the Ancient Near East (Handbuch der Orientalistik), Leiden 1979.
Lloyd, S., Die Archäologie Mesopotamiens, München 1981.
Matthiae, P., Geschichte der Kunst im alten Orient, Stuttgart 1999.
Mellaart, J., The Neolithic of the Near East, London 1975.
Mensching, H., Wirth, E., Nordafrika und Vorderasien (Fischer Länderkunde 4), Frankfurt am Main 1989.
Moortgat, A., Die Kunst des alten Mesopotamien, Köln 1967.
Müller-Karpe, H., Geschichte der Steinzeit, München 1974.
Nunn, A., Die Wandmalerei und der glasierte Wandschmuck im Alten Orient (Handbuch der Orientalistik), Leiden 1988.
Oppenheim, A.L., Ancient Mesopotamia. Portrait of a Dead Civilization, Chicago 1977[3].
Orthmann, W., Der Alte Orient (Propyläen Kunstgeschichte 14), Berlin 1975.
Parrot, A., Assur (Universum der Kunst), München 1972[2].
–, Sumer (Universum der Kunst), München 1970[3].
–, Sumer/Assur. Ergänzung 1969 (Universum der Kunst), München 1973[2].
–, Sumer und Akkad (Universum der Kunst), München 1983[4].
Propyläen Weltgeschichte I-II, Berlin 1960.
Reallexikon der Assyriologie und Vorderasiatischen Archäologie, Berlin (seit 1928).
Röllig, W., Assur – Geißel der Völker. Zur Typologie aggressiver Gesellschaften, Saeculum 37 1986, 116–128.

Schippmann, K., Grundzüge der Geschichte des sasanidischen Reiches, Darmstadt 1990.
–, Grundzüge der parthischen Geschichte, Darmstadt 1980.
Schmidtke, F., Der Aufbau der babylonischen Chronologie, Münster 1952.
Schmitt, H. H., Vogt, E. (Hrsgg.), Kleines Lexikon des Hellenismus, Wiesbaden 1993².
Seidl, U., Die babylonischen Kudurru-Reliefs, Freiburg/Schweiz 1989.
Soden, W. von, Einführung in die Altorientalistik, Darmstadt 1985.
– (Hrsg.), Das Gilgamesch-Epos. Übersetzt von A. Schott (Reclam Universal-Bibliothek 7235), Stuttgart 1988.
Sollberger, E., Kupper, J.-R., Inscriptions royales sumeriennes et akkadiennes (Littératures anciennes du Proche-Orient), Paris 1971.
Spycket, A., La statuaire du Proche-Orient Ancien (Handbuch der Orientalistik), Leiden 1981.
Strommenger, E., Das Menschenbild in der altmesopotamischen Rundplastik von Mesilim bis Hammurapi (Baghdader Mitteilungen 1), Berlin 1960.
–, Die neuassyrische Rundskulptur (Abhandlungen der Deutschen Orientgesellschaft 15), Berlin 1970.
–, Hirmer, M., Fünf Jahrtausende Mesopotamien, München 1962.
Wickede, A. von, Prähistorische Stempelglyptik in Vorderasien (Münchener Vorderasiatische Studien 6), München 1990.
Wiesehöfer, J., Das antike Persien, München 1994.
Wilhelm, G., Grundzüge der Geschichte und Kultur der Hurriter, Darmstadt 1982.
Wirth, E., Agrargeographie des Irak (Hamburger Geographische Studien 13), Hamburg 1962.

Abbildungsnachweis

Abb. 1: Seton Lloyd, Die Archäologie Mesopotamiens, C. H. Beck, München 1981, S. 87 Abb. 33.
Abb. 2: Barthel Hrouda, Vorderasien I, C. H. Beck, München 1971, S. 50 Abb. 7.
Abb. 3: ebd., S. 52 Abb. 9.
Abb. 4: ebd., S. 98 Abb. 35.
Abb. 5: Photoarchiv Hirmer Verlag, München.
Abb. 6: Cornelie Wolff, Grafrath.
Abb. 7: Vorderasiatisches Museum, Berlin.
Abb. 8: Barthel Hrouda, Vorderasien I, C. H. Beck, München 1971, S. 161 Abb. 58.
Abb. 9: nach ebd., S. 158 Abb. 56.
Abb. 10: ebd., S. 233 Abb. 79.
Abb. 11: Iraq Museum, Baghdad; Oriental Institute, University of Chicago.
Abb. 12: Seton Lloyd, Die Archäologie Mesopotamiens, C. H. Beck, München 1981, S. 212 Abb. 113 oben.
Abb. 13 u. 14: Photoarchiv Hirmer Verlag, München.

Die Landkarten auf S. 9 und S. 114 sowie die Zeittafeln auf S. 115 f. wurden von Frau Cornelie Wolff mit Unterstützung von Frau Ingeborg Kraus angefertigt.

Anmerkungen

1 Die in diesem Band angegebenen Zahlen basieren auf der Kurzchronologie von Albright-Cornelius. Die Regierungsjahre der Ur III-Könige und der Isin I-Herrscher liegen danach um 64 Jahre tiefer als nach der Mittleren Chronologie von Smith-Sidersky. Die Daten für die hethitischen und mittelassyrischen Herrscher sind dem Buch von G. Wilhelm, Grundzüge der Geschichte und Kultur der Hurriter, Darmstadt 1982, entnommen. – Alle im folgenden genannten Jahreszahlen verstehen sich v. Chr., falls nicht anders angegeben.

Kürzlich ist eine neue Untersuchung zur Chronologie des 2. Jahrtausends v. Chr. im Alten Orient erschienen: H. Gasche et al., *‚The Fall of Babylon' in Mesopotamian History and Environment,* Series II, Mémoires IV, Gent und Chicago 1998. Demnach erfolgte die Einnahme von Babylon durch die Hethiter nicht um 1530 (Kurze Chronologie) oder um 1594 (Mittlere Chronologie), sondern erst um 1499 v. Chr.; Hammurabi regierte demzufolge von 1696 bis 1654 und nicht von 1728–1686 (Kurze Chronologie) oder von 1792 bis 1750 (Mittlere Chronologie); siehe auch zu dieser Frage S. 30 und 32.

2 Einige wenige flüchtige Felszeichnungen in der Türkei bilden die Ausnahme.

3 Im Louvre wird ein Gemälde von Delacroix aufbewahrt, auf dem er den ‚Tod Sardanapals' (Assurbanipals) im brennenden Palast von Ninive nach den Vorstellungen seiner Zeit dargestellt hat.

4 1989 wurden Gräber mit reichem Schmuck von assyrischen Königen und Prinzessinnen im Nordwest-Palast von Nimrud entdeckt. Vgl. P. Matthiae, Geschichte der Kunst im Alten Orient, Stuttgart 1999, S. 96 ff.

5 Eine ehemals praktizierende Ärztin in München versucht jetzt, auf der Grundlage ihres medizinischen Fachwissens die alten babylonischen Texte neu zu interpretieren, und hat damit auch Erfolg.

6 Vgl. jetzt: W. Allinger-Csollich in: Baghd. Mit. 29 (1989) S. 323.

Register

Die oft wiederkehrenden Begriffe ‚Assyrien' und ‚Babylonien' sind nicht im Register erfaßt.